散落的历史

王恩山●编

新星出版社 NEW STAR PRESS

图书在版编目（CIP）数据

散落的历史 / 王恩山编.—北京：新星出版社，2012.8
ISBN 978-7-5133-0756-7

Ⅰ.①散… Ⅱ.①王… Ⅲ.①中国历史－通俗读物 Ⅳ.①K209

中国版本图书馆CIP数据核字（2012）第140896号

散落的历史

王恩山 编

统筹监制：绿　茶
策划编辑：李明通
责任编辑：汪　欣
责任印制：韦　舰
装帧设计：熊猫书装

出版发行：	新星出版社
出 版 人：	谢　刚
社　　址：	北京市西城区车公庄大街丙3号楼 100044
网　　址：	www.newstarpress.com
电　　话：	010-88310888
传　　真：	010-65270449
法律顾问：	北京市大成律师事务所

读者服务：010-88310800　service@newstarpress.com
邮购地址：北京市西城区车公庄大街丙3号楼 100044

印　　刷：	北京民族印务有限责任公司
开　　本：	787mm×1092mm　1/32
印　　张：	9
字　　数：	145千字
版　　次：	2012年8月第一版　2012年8月第一次印刷
书　　号：	ISBN 978-7-5133-0756-7
定　　价：	29.00元

版权专有，侵权必究；如有质量问题，请与出版社联系更换。

政声

刘邦「裸婚」/3
孙权的酒风/3
梁武帝生活俭朴，官场腐败横生/4
梁武帝的生财之「道」/5
宋太祖打人显出流氓品性/6
包公劝酒/7
王安石只吃摆在眼前的食物/7
皇帝的生肖迷信与禁忌/8
古代职场升迁秘籍/9
朱元璋的「敏感词」/9
朱元璋杀贪官/10
朱元璋为穷人盖房/11
明武宗为避讳颁布「禁猪令」/12
雍正为如何处理剩粥剩饭下圣旨/13
雍正推广「普通话」/14
雍正、慈禧酷爱养狗/15
乾隆与千里马/15
乾隆巡游，以水洗水/16
和珅的逢迎是怎么「炼成」的/17
排外的同治皇帝/17
同治微服私访/18
光绪曾打算用英语致新年祝词/19
曾国藩吃牢饭/20
曾国藩教子/20
张之洞乱花钱/21
袁世凯公款笼络私人/22
袁世凯为称帝修厕所/23

目录

民国时期著名的「认祖门」/ 24
民国初年「八百罗汉」闹国会 / 25
武昌起义时孙中山正在国外刷盘子 / 25
孙中山灵柩西山碧云寺历险 / 26
孙中山灵前的一幕 / 27
「中山装」蕴涵三民主义思想 / 28
鹿钟麟与溥仪的告别 / 29
陆征祥巴黎「出家」/ 29
蒋介石礼遇段祺瑞 / 30
蒋介石的糟糕口音 / 31
蒋介石最喜欢说「达令」/ 32
蒋家因「江南命案」受重挫 / 33
蒋经国开放老兵回大陆探亲 / 34
李宗仁的坎坷军校路 / 35

李宗仁回大陆，为的是「吹牛」过瘾 / 36
李宗仁伊斯兰堡机场险遇「劫」/ 36
75岁李宗仁给娇妻嗑四两南瓜子 / 37
少帅张学良枪毙土匪张学良 / 38
张学良当年不喜人称他为「少帅」/ 38
张学良赶流行拍彩照解闷 / 40
张学良「坐台」「转台」收听国外电台 / 40
张治中「糟糠之妻」不下堂 / 41
何香凝裙上题诗羞辱蒋介石 / 42
西安事变后戴季陶磕头放弃「主战」/ 43
宋庆龄筹办足球义赛赈灾 / 43
汪精卫被迫给溥仪鞠躬行礼 / 44
汪精卫坟墓被炸 / 45
民国「官二代」买装甲轿车 / 46

目录

陈立夫与云南白药 /47

吴稚晖赶在蒋介石生日前去世 /48

台湾的「文字狱」/49

瞿秋白翻译国际歌 /50

陈独秀张国焘为党员薪水大吵 /51

毛泽东给邓小平找马 /52

毛泽东让儿子读书 /52

毛泽东：赔个不是当拜年 /53

毛泽东陕北吃羊杂碎 /54

李达睡过毛泽东的床 /54

毛泽东请客吃饭一律用竹筷 /55

毛泽东「激将法」促罗瑞卿学游泳 /56

毛泽东教训江青：屁股别坐错了位置 /57

毛泽东晚年喜欢看李小龙电影 /57

周恩来邓小平合开豆腐店 /58

周恩来最瞧不起的人 /59

周总理亲自动手为志愿军炒面 /59

「九一三」之后周恩来号啕大哭 /60

周恩来在「文化大革命」中的一次「国骂」/61

低着头走上坡路 /61

周恩来劝邓小平：你就不能忍一忍 /62

陈云洞房之夜给新婚妻子上党课 /63

陈云养生每天只吃12粒花生米 /64

养猪要养得像柯庆施那样壮 /64

胡耀邦开会被警卫赶到观众席 /65

胡耀邦蹲牛棚 /66

彭真康克清力主压低法定婚龄 /66

目录

刘青山腐败一角 /67
江青「照片搭台，政治唱戏」/68
陈伯达冲谷牧发火 /69
不扛揍的张春桥 /70
「炮打」张春桥 /71
林彪每餐必吃黄豆 /72
林彪的衣服都要标明温度 /72
邓小平曾想为儿子买商品房 /73
邓小平戒烟 /73
四张照片拼出一张「吊唁照」/74
「四人帮」隔离审查时，每月伙食费30元 /75
「文化大革命」后首次在正式场合奏响欧洲古典音乐 /76

华盛顿借书不还欠款20万 /76
美国式民主原则 /77
美国总统克利夫兰承担风流债 /78
列宁写信求婚先大骂沙皇 /78
列宁出狱后岳母惊叹：他竟发胖了 /79
柯立芝不想再当总统 /80
希特勒不讲究穿着舒适即可 /81
希特勒十分憎恶吸烟 /82
斯大林叶利钦喜欢泡澡堂 /83
斯大林害怕坐飞机 /84
斯大林让朱可夫代替自己阅兵 /85
斯大林笔误无人敢改 /86
丘吉尔的「如果」/86
卡斯特罗向罗斯福索要10美元 /87

目录

铁托客串足球裁判 /88
杜鲁门让路 /89
英国女王曾计划在皇家游艇上躲避核攻击 /90
勃列日涅夫一生获得114枚勋章 /90
司徒雷登晚景凄凉 /91
尼克松力促宋家三姐妹相聚未果 /92
戈尔巴乔夫后悔当年没听劝 /93
叶利钦嗜酒如命 /94
「伐木工」普京曾获4级「木匠证书」/95
小布什挑剔伯南克的袜子 /96
潘基文给沙祖康的老师送礼祝寿 /97

武略

成吉思汗侍卫裸身入敌营抢马奶酒 /101
史上规模最大的「强拆」运动 /101
左宗棠拜见林则徐时掉到河里 /102
翰林李鸿章办团练 /103
日本把次品舰炮卖给中国 /104
同盟会国旗风波 /105
吴雪梅刺杀蒋自立 /106
蒋百里保定军校自杀风波 /107
黎元洪北京遭软禁 /108
黎元洪下野后的平静生活 /109
冯国璋中南海卖「总统鱼」/110
民国第一拆迁案 /111

目录

一生清廉的段祺瑞 /112
张作霖训斥张宗昌不懂规矩 /113
张作霖『寸土不让』/113
张作霖保护贪污犯 /114
黄金荣替蒋介石『还债』/115
杜月笙最风光之时 /116
顾祝同与刘峙也贪睡赖床 /117
孙传芳机要地图为日军侵华提供方便 /117
白崇禧不屑与杜月笙为伍 /118
白崇禧不摆架子 /119
火锅成为冯玉祥的新闻来源 /120
冯玉祥戏蒋介石 /121
冯玉祥向袜子敬礼 /121
阎锡山自制『匪首』印章 /122

胡宗南在台湾郁闷得想自杀 /123
最惊险的阅兵 /124
张云逸差点成黄花岗第七十三位烈士 /124
为躲避搜捕，聂荣臻整整洗了一夜澡 /125
苏区盐事：有盐同咸，无盐同淡 /126
黄华在燕京大学做土手榴弹 /126
徐海东一家66口为革命献身 /127
朱德在延安分月饼 /128
四平之战后蒋介石为何不乘胜追击 /129
『沙场疾风』杨得志清风店大捷 /129
杨得志响应号召下连队当兵 /131
杨得志上阵父子兵 /132
杨得志学毛泽东吃东西加辣椒面 /133
匆忙划出的三八线 /134

毛泽东与黄炎培为援朝部队定名 /135
志愿军抗美援朝纪念日的由来 /136
李克农带病参加开城谈判 /137
南日大将为李克农的孙子起名 /138
彭德怀拒绝接受最高勋章 /138
朝鲜坦克手从美军处骗来汽油 /139
一车高粱米换回一车美国兵 /140
上甘岭狙击之神——张桃芳 /141
志愿军"主食"炒面的N种吃法 /142
一年内战俘两次欢度圣诞节 /142
叶剑英报警,救了张治中全家 /143
叶剑英送给熊向晖5瓶茅台 /144
叶剑英因女儿当导演而生气 /144
「看不见最幸福」/145

许世友带枪进京 /145
许世友上将为毛泽东守灵 /146
英美之战,猪成唯一伤亡「人员」/146
朱可夫叫板斯大林 /147
马歇尔甘当伯乐 /149
一次深思让艾森豪威尔当上少将 /149
美国名将乔治·巴顿的择偶标准 /150
中情局买毛驴送给阿富汗圣战组织 /152

文景

杜甫低贱求官 /157
米芾的洁癖 /157
丘逢甲与清廷决裂 /158

目录

李叔同在母亲丧礼上弹钢琴唱悼歌 /159
郭沫若半年考上日本官费留学生 /159
晚年郭沫若负疚抄写亡子日记 /161
达官权贵「补祭」吴昌硕夫人 /162
张大千只说中国话 /163
张大千喜欢在春华楼吃饭 /163
张大千给毕加索送礼 /164
张大千胡子长，睡觉不知往哪搁 /165
朱自清把新婚大氅当了买书 /165
朱自清「抄袭」《佩文韵府》 /166
鲁迅为许钦文「做广告」 /167
鲁迅与林语堂为一床蚊帐绝交 /168
鲁迅曾因长得太瘦被疑为鸦片贩子 /169
刘大白以死相抗为老鼠所救 /169

林语堂烧掉结婚证 /170
林语堂吃花生授课 /170
林语堂教书「相面打分」 /172
幽默大师林语堂 /173
李济带古琴去美国 /173
老舍收藏梅兰芳撕掉的扇子 /174
老舍的直率 /175
老舍为朋友「两肋插刀」 /175
王芸生拒绝周恩来的布料 /176
郁达夫「压迫」钱 /177
郁达夫被妻子下「禁令」 /178
傅雷打桥牌掀桌子 /178
聂耳机智斗密探 /179
邹韬奋豁达的人生 /180

齐白石抗战期间自喻为虾 / 181
曹禺澡盆里读书 / 182
曹禺偷吃盐水鸭 / 183
范长江《大公报》险被炒鱿鱼 / 183
张乐平「教」黄永玉画画 / 184
黄永玉和平画店买画买一赠一 / 185
「不可随处小便」/ 186
谢无量与蒋介石「做生意」/ 187
黄苗子拍结婚照脚下垫砖头 / 188
华君武把《黄河大合唱》变成「大独唱」/ 188
华君武被特务列入暗杀黑名单 / 189
华君武『五七干校』烤麻雀 / 190
苏青：一记耳光打出来的作家 / 191

萧乾的书桌像刺猬 / 192
萧乾及时汇稿费救了钱锺书夫妇 / 192
溥儒的健忘 / 193
「要买真正的文物」/ 193
沈从文「鞠躬如也」/ 194
戴煌在北大荒一口气吃了82只耗子 / 195
「黑帮」赵树理「不辨花草」/ 195
英若诚狱中生活有滋有味 / 196
张仃「文化大革命」中不放弃对美好的追求 / 197
梁从诫临危「救驾」/ 198
启功没有自己的房子令妻子抱憾而终 / 199
启功希望被「遗体告别」/ 200
梁实秋：「总统」死了，与我结婚无关 / 200

目录

三毛歌曲《橄榄树》原名《小毛驴》/ 201
三毛「捡漏」拾得「冰裂纹」瓷碗 / 202
张爱玲晚年为躲避跳蚤频繁搬家 / 203
余光中不上网，酷爱自驾游 / 204
李敖声称将以1500倍人情报答胡适 / 205
李敖第一次坐牢独守「洞房」/ 205
周扬酷爱开会 / 206
丁聪的吹笛绝活 / 208
「宁可居无竹，不可食无肉」/ 208
范用与丁聪相约「反饥饿」/ 209
钱锺书质疑毛泽东的文章 / 210
钱锺书帮猫打架 / 211
王蒙逗巴金开心 / 211
「改稿控」巴尔扎克 / 212

学林

普希金小说启发托尔斯泰 / 213
托尔斯泰最满意自己做的靴子 / 213
萧伯纳求婚 / 214
泰戈尔喜爱西泠印社印章 / 215
幽默大师马克·吐温取笑法国人 / 215
川端康成透支诺贝尔文学奖奖金 / 216
鱼子酱换来的优先刊载权 / 217
文坛隐士塞林格 / 218
科波拉与他的「粉丝」卢卡斯 / 218
蒙娜丽莎神秘微笑的玄机 / 220
辜鸿铭给光绪皇帝写祝寿诗 / 223

目录

狂狷辜鸿铭 / 223

辜鸿铭建议西方人到八大胡同研究中国文化 / 224

李四光名字缘于将错就错 / 225

蔡元培七辞北京大学校长 / 225

国学大师章太炎不懂新式标点 / 226

章太炎挥毫抄写《讨袁世凯檄》 / 227

章太炎题字 / 228

胡适试探孙中山 / 230

胡适预言竺可桢活不过20岁 / 230

胡适资助林语堂 / 232

胡适与梁启超谁学问更渊博 / 233

胡适不喜欢在室内脱鞋子 / 233

爱当月老的胡适 / 234

胡适论「怕太太」 / 235

没有胡适的思想，就没有胡适 / 236

陈独秀照相嫌梁漱溟伸脚太长 / 236

陈独秀为争一字几乎动武 / 237

张竞生第一次提出「计划生育」 / 237

梁启超与蒋百里互为对方作序 / 238

梁启超送泰戈尔中国笔名「竺震旦」 / 239

梁启超的证婚词 / 239

梁氏三子都和房子打交道 / 240

议员多变财政官 / 241

刘半农以身试骂 / 242

王闿运嫁女 / 243

赵元任新式婚礼挑战世俗 / 243

柳亚子面责蒋介石 / 245

目录

罗家伦在清华大学搞军训 / 245
钱穆为防学生退学故意「不挂科」/ 247
钱穆提名「未名湖」/ 247
民进党逼钱穆搬家 / 248
费孝通博士毕业论文答辩边喝酒边谈《何日君再来》为何被禁 / 249
张奚若痛斥蒋介石 / 251
陈寅恪的上课原则 / 251
倔强陈寅恪给康生吃闭门羹 / 252
蒋天枢「陈门立雪」/ 252
冯友兰走神，手臂触城墙骨折 / 253
钱伟长困苦之时对美国说 NO / 254
潘光旦的幽默 / 255
潘光旦邀牌友 / 255

潘光旦死在费孝通的怀里 / 256
数九寒冬，马寅初拦下学生做广播操 / 256
林徽因与梁思成的最后一面 / 257
爱美林巧稚 / 258
吴宓痛悔「文化大革命」期间写日记 / 259
俞平伯承认「反动」不承认「权威」/ 259
「文化大革命」时李泽厚把手稿藏进下水道 / 260
叶企孙钱三强「道路以目」/ 261
陈景润跳楼「讲究角度」/ 262
谢静宜刁难杨振宁 / 263
贾植芳的坦荡与「糊涂」/ 263
梁漱溟回绝冯友兰九十大寿宴请 / 264
吴阶平排队吃泡馍 / 264

钱理群被误认为色情酒店老板 / 265
钱学森的领导绝技 / 266
殷海光害怕打电话 / 267
王亚南睡三脚床 / 267
谷超豪做数学题 / 268
沈昌文借钱记 / 268
牛顿炒股赔钱 / 269
洛克菲勒教子之道 / 270
卓别林拍苍蝇 / 271
爱因斯坦的「大衣相对论」 / 272

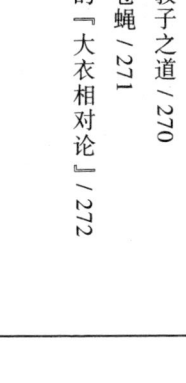

散落的历史

政声

□ 刘邦"裸婚"

刘邦起初不过是一个小小的泗水亭长，相当于现在的村长，薪水微薄，囊中羞涩，生活窘迫，但他脑筋却十分灵活。一次，县里的大户吕公过生日，刘邦也赶去祝寿，但是因为没钱买礼物，只能报了个假礼单混了进去。事情败露后，吕公本来想看看是哪个无赖敢做出这等事，结果却和刘邦一见如故。这次刘邦不但白吃了一顿大餐，而且吕公还不顾老伴的阻拦，执意把待字闺中的女儿吕雉嫁给刘邦，吕雉就是后来鼎鼎大名的吕后。

□ 孙权的酒风

古人喝酒不像今日，为人稍稍滑溜一些，一杯酒完全可以徐徐饮到终局。他们一饮须尽一杯，一人饮完，接着下一人，众人遍饮，称为一巡。

三国时孙权举行宴会，这时，他已做了20来年的君主，还亲自为群臣斟酒。虞翻假装喝醉了倒在地上，但等孙权走过去后，他又坐了起来。结果惹得孙权大怒，手持利剑要结果了他。要不是大司农刘基劝谏，这位易学大师就会因此丧命了。

□ 梁武帝生活俭朴，官场腐败横生

梁武帝生活俭朴，不容他人对其清廉形象怀疑和质询，甚至反感有人揭露官场上的种种腐败。一次，大臣贺琛上书梁武帝揭露官吏贪污腐败，梁武帝便质问道："你说'守宰贪残，皆由滋味过度'，矛头指向朝廷，我可没有此事，我餐餐吃的是蔬菜，除了参加公宴，决不私自公款吃喝。我已经多年不与女人同屋睡觉了，我的居处不过一床之地，从来不让雕饰之物入宫。我不喜欢喝酒，也不爱听音乐，朝中没搞过什么娱乐活动，这一点大臣们也都知道。我经常一天只吃一餐饭，工作不分昼夜，以前我的腰腹超过十围，自从当上皇帝后已瘦削到二尺多一点……"贺琛受到驳斥，不好再说什么，只得叩头谢罪。

但梁武帝的清廉形象却无法有效阻止官场贪污奢侈风气的蔓延，因为他对自己的亲族格外宽容。梁武帝六弟临川王萧宏的王府后面有一百多间仓库，存钱3亿，布、绢、丝、绵、漆、蜜以及各种财物无法计算。有人揭发萧宏私藏武器，梁武帝连忙亲自去查看，发现都是钱物，没有武器，便十分高兴地对萧宏说："阿六，汝生计大可！"接着还与萧宏一起吃饭，谈心，直到深夜才回宫。

□ 梁武帝的生财之"道"

梁武帝晚年沉溺于佛教，要大修寺庙，大臣们群起反对。当时的一个佞臣左光禄大夫朱异献了一计，要他借出家再还俗来勒索大臣。于是，他就提出要到同泰寺"舍身"。可刚做了4天和尚，朱异就以国事难离为名，带领众臣迎皇帝还俗。而按当时的规矩，还俗要出一笔钱"赎身"，地位越高身价也越高。皇帝当了和尚，自然比一般人要高得多。群臣无奈，只得咬牙给他捐了一亿钱的"还俗费"。这钱名曰捐给寺院，实际由梁武帝来掌握。梁武帝用这笔钱，装模作样地重修了几座寺庙，还给自己的嫔妃们分发了丰厚的脂粉钱，剩下的都装进了小金库。只可怜了那些平素廉洁的官员，被皇帝"敲竹杠"，有的官员干脆辞官不干了。据史书记载，梁武帝共进行了4次戏剧性的"舍身"事件，短的只有4天，最长的也不过37天，最后都由群臣用钱将他赎出，而且还都是在群臣齐集同泰寺东门或凤庄门再三叩请的情况下，他才回宫执政。

□ 宋太祖打人显出流氓品性

宋太祖赵匡胤有一回在御花园用弹弓打鸟，内侍来报，说御史张霭有要事奏报，宋太祖赶紧放下弹弓，换好衣服出来。但见了面，张霭答道："我虽然没有什么要紧事，但总比打鸟重要一些。"宋太祖见他嘲讽自己，登时勃然大怒，顺手夺过身边侍卫的长斧，打掉了张霭的两颗牙齿。张霭若无其事地把牙齿捡起来，收到怀里。宋太祖见了更是忿怒，厉声喝问："你捡牙齿收起来，难道还想去告我吗？"张霭答道："我虽然告不了

宋太祖赵匡胤

你，但是史官会把今天发生的一切都记下来。"宋太祖一听，担心自己失态失仪的行为会被史官写得很不堪，就厚赏了张霭，算是间接地道了歉。

□ 包公劝酒

宋仁宗至和元年（1054年），34岁的王安石和36岁的司马光被任命为群牧判官，俩人的顶头上司群牧使就是大名鼎鼎的包拯。有一天，群牧司衙门里的牡丹花盛开了，群牧使包拯置办酒席请同僚们来赏花。王安石和司马光同桌而坐，两人平素都不喜欢饮酒。但因为是包公劝酒，司马光碍于情面，勉强喝了几杯。当包公敬到王安石面前时，无论他好说歹说，劝了半天，王安石硬是一口不喝，弄得包公几乎下不来台。司马光把这事记录在自己的文章中，对王安石的倔头倔脑大发感慨。

□ 王安石只吃摆在眼前的食物

北宋名相王安石在生活中非常"愚钝"，几乎"不能自理"。有一次，他的夫人吴氏向外人抱怨说不知道王安石爱吃什么。朋友说，王安石应该爱吃鹿肉丝。因为当天中午，他亲眼看到王安石把一盘鹿肉丝吃得干干净净。吴氏问："那盘鹿肉丝放在什么位置?"朋友说："就在相公眼前。"吴氏说："那明天你们把鹿肉丝放得远一点试试。"第二天吃饭时，大家把鹿肉丝放得远了一点，将另外一盘菜摆在王安石面前。他果然将眼前的菜吃得干干净净，别的菜却没动。有一次，王安石参加皇帝办的宫廷盛宴，别人都按皇帝要求去钓鱼，他坐在台子前不动，一边沉思一边把面前盘子里的鱼饵全吃光了。大家钓鱼回来时，他起身告辞，说自己已经吃饱了，虽然他不知道吃的是什么。

□ 皇帝的生肖迷信与禁忌

宋徽宗时，宰相范致虚向皇上进言说："十二属相中，狗排在戌位，是陛下的本命属相，现在京城里以杀狗为生的，应该禁止。"宋徽宗因此下令禁止天下人杀狗，还赏赐范致虚两万钱。元朝仁宗皇帝，名字奇长：孛儿只斤·爱育黎拔力八达。他在位时，京城有禁令，不许倒提鸡，违者有罪。因为元仁宗属鸡。明代正德皇帝朱厚照，下诏禁止天下人吃猪肉，原因是明武宗认为猪与朱同音，是冒犯国姓。

□ 古代职场升迁秘籍

南宋宁宗时,韩侂胄为宰相。有一天,因为一点小过失,韩侂胄把一个小妾赶出了家门。钱塘知县程松听说后,马上把这个小妾请到家里。让她住在正厅,程松夫妻亲自伺候她吃饭,态度非常谦恭。过了几天,韩侂胄的气消了,便派人寻找小妾,发现她在程松家里,不禁大怒。程松立即去拜见韩侂胄,说他这样做是怕这个小妾落入别人之手,有失大人脸面,所以自己才把她保护起来。等小妾回到韩府,讲起程松夫妇对自己如何恭敬,韩侂胄大悦,当天就把程松提拔为太府寺丞。过了20天,又升他为监察御史。接着每一两个月升一次,不到半年,就当上了谏议大夫。

□ 朱元璋的"敏感词"

朱元璋出身贫寒,当过和尚。他担心臣民们瞧不起他,整日疑神疑鬼,对臣子们的每一句话、每一个字都仔细推敲,成天琢磨臣子们是否在讥讽嘲笑自己。按当时惯例,朝廷每遇大的节日、庆典,内外大臣须写表笺祝贺。此类表笺一般都是由一些从事秘书、教育工作的文史、学者起草，辞藻华丽，歌功颂德，按说不该有什么问题，然而偏偏有许多人死在这表笺之上。杭州府学教授徐一夔曾写了个贺表，吹捧朱元璋为"光天之下，天生圣人，为世作则。"不料朱皇帝大怒，叫道："'生'者，僧也，以我尝为僧也；'光'则剃发也；'则'字音近贼也。"竟因此砍了徐教授的脑袋。

□ 朱元璋杀贪官

朱元璋出身寒微，可以说是真正的"无产阶级"，因此他深知百姓疾苦和贪官污吏的可恨。其登基后，对贪官污吏严厉惩处，剥皮实草等种种酷刑就是他为贪官污吏而设的，可以说洪武一朝是历史上处死贪官污吏最多的时期。朱元璋一生中共有过六次大规模的惩处贪官行动，一是洪武四年（1371年）甄别天下官吏，并将贪污定为不赦之罪；二是洪武十三年胡惟庸案；三是洪武十五年空印案；四是洪武十八年郭桓案；五是洪武十九年惩罚祸害百姓的官吏；六是洪武二十六年蓝玉案，前后六次大约共有10万到15万各级官员被处死，而当时全国官员总数也不过数万人。然而贪官仍然前仆后继，朱元璋也很无奈，找不到一个妥善的解决之道，只能"今后犯赃者，不分轻重都杀了。"

□ 朱元璋为穷人盖房

洪武七年（1374年）农历八月，朱元璋给南京的官员下了一道圣旨，让他们找一块空闲土地，盖260间瓦房，供没有住房的南京人居住。一个月后，他又给上海（当时叫华亭县）的官员下了一道圣旨，让他们对宋朝留下来的居养院进行翻修，修好后让没有住房的人居住。这两道旨意下达之后，南京和上海的地方官很快地执行了。朱元璋很高兴，认为试点成功，在当年年底，

明太祖朱元璋宫廷标准像

又给中央的官员下了一道旨意："令天下郡县，访穷民无告者，月给以衣食，无依者，给以屋舍。"没饭吃的，国家给饭吃；没衣服穿的，国家给衣服；没房子住的，国家给房子。而且全国各地都得这么做。中央的官员一想，这办不到啊，找朱元璋解释，朱元璋说："尔等为辅相，当体朕怀，不可使天下有一夫之不获也。"意思是：你们在我手底下当官，就得体会我的心意，我可不想让我的百姓没饭吃、没房住！朱元璋的要求对当时来说有点儿高了，不过朱元璋的理想是好的，中国古代那么多皇帝，他是第一个逼着官员在全国范围内给穷人盖房的，也是唯一的一个。

□ 明武宗为避讳颁布"禁猪令"

正德十四年（1519年）十二月，明武宗朱厚照南巡途中，突然发布了一道圣旨，禁止民间养猪、卖猪、杀猪、吃猪肉，胆敢违抗，则发配边疆充军，永不召回。朱厚照生于1491年，生肖属猪，因"猪"与"朱"同音，按旧制应避讳。显然，明武宗已经把养猪、杀猪这件寻常之事视为对皇帝大逆不道的行为，他还抛出了吃猪肉会生疮，会对健康不利的观点。此令一出，举国轰动。深恐引火烧身的老百姓们立刻把家里的猪全部杀掉，减价出卖，或赶紧埋掉。这样一来，不仅活人吃不到鲜美的猪肉，就连祭祀仪式上用的猪肉也不得不用羊肉替代。三个月后，礼部上奏说国家的正常祭典都要用牛、猪、羊"三牲"，如今猪肉绝迹，无法按常例进行，请求更改。最终，明武宗不得不取消了这道荒唐的禁令。

□ 雍正为如何处理剩粥剩饭下圣旨

雍正继位后，曾大力倡导节约粮食。雍正二年（1724年），他发出圣旨晓谕膳房：凡是粥饭肴馔，吃过后如果有剩余，切不可抛弃沟渠，倒是可以给服役的下人食用；凡是人不可再食用的，则可以用来喂猫、喂狗；如果连猫狗都不吃的，那就把它们晒干用来喂养禽鸟；总之，剩饭剩菜断不可随意丢弃，朕将派人稽查，违反者必定治罪。雍正为节约粮食可谓费尽心思，从人食、猫食到鸟食，交代得清清楚楚。皇帝专门为剩粥剩饭的处理下一道圣旨，在中国几千年封建社会中大概绝无仅有。然而，雍正皇帝似乎乐此不疲。时隔三年，他又专门为禁止浪费粮食的事，再次发出一道上谕：上天降生五谷，养育众生，人们依赖这些活命，哪怕是一粒粮食也不可轻易丢弃；太监煮饭时，可少下些米，宁可少有不足，切不可多煮，以致余剩抛弃沟中，不懂得爱惜；各处首领、总管，见有米粟饭粒，应当捡起；如果谁丢弃米谷食物，无论首领、总管，重责40大板。雍正对节约粮食一事，既有号召，又讲道理，既有具体办法，又有惩治措施，算是一抓到底了。

□ 雍正推广"普通话"

雍正六年（1728年），雍正皇帝发布上谕，设立"正音书馆"，在全国推行北京官话。上谕颁布后，闽粤二省的各个府县普遍建立了正音书院，教授官话，凡是走读书、考试、当官之路的读书人都要懂得官话。甚至一度规定，不会讲官话的童生，不得考取秀才。雍正"推普"上谕不可谓没有远见，"推普"措施也不可谓

《雍正祭先农坛图·亲耕》（局部）

不得力，然而收效甚微，嘉庆、道光以后各地"正音书院"逐渐消失殆尽。

□ 雍正、慈禧酷爱养狗

清代帝王之中，玩狗之兴最浓者莫过于雍正。他在任期间，曾多次谕令造办处，制作狗窝、狗笼、狗衣、狗垫等，甚至亲自指定狗窝的尺寸、狗衣的用料、狗垫的样式。比如雍正五年（1727年），他下圣旨要求做一个直径二尺二寸、四周留有气眼、两边开门的圆形狗笼。

光绪年间，慈禧曾在紫禁城后花园中养了一千多只北京犬，这些宠物狗和满朝文武一样，按月领俸禄（由狗监代领）。它们一日三餐主要吃牛羊鹿肉和鸡鸭鱼汤。给狗沐浴时，所用的澡盆必须是金玉制成，并且要在水中洒上香水。洗完澡后，狗脖子上挂上一串小金铃，再喷一次香水，才能抱到慈禧面前。

□ 乾隆与千里马

乾隆年间，大学士王杰有伯乐的美称。他曾于途中见到一匹驮煤的老马，说是良马，于是花大价钱买了下来，作为贡品进呈。乾隆试骑后，发现果然是难得的千里马。当时正赶上准噶尔部降将阿睦尔撒纳入朝觐见，阿睦尔撒纳以善于骑射闻名。乾隆驾临承德避暑山庄万树园时，打算试探一下阿睦尔撒纳的技艺，阿睦尔撒纳以没有好马推辞。侍臣们把上等御马都牵来给他选用，都没有中意的。王杰于是命人牵来自己进献的那匹马让他骑。阿睦尔撒纳上马后刚一抖缰绳，就被掀翻在地，一连反复三次，阿睦尔撒纳非常羞愧。后来，阿睦尔撒纳在西部边疆叛乱，国家平叛耗费了大量人力物力。乾隆为嘉奖王杰所选之马的先知先觉，特命按三品俸料供养它。

□ 乾隆巡游，以水洗水

乾隆曾特制一个银斗，用它来品评天下之水，大抵是以水质的轻重，区别水的好坏。于是把玉泉水定为第一，其次是长江畔的中泠水，再次是惠泉、虎跑泉水。

乾隆经常巡游，每次都带玉泉水供自己饮用。可有时时间过久，车船颠簸，水的色味不免发生变化，就用别处的泉水洗一洗：把别处的水倒入玉泉水中搅一搅，搅过之后，别处的水重，就下沉，污浊随之沉到下面，玉泉水轻，就向上浮起，十分清澈，舀出存放起来，味道分毫不差。

□ 和珅的逢迎是怎么"炼成"的

和珅深受乾隆的宠爱，不仅因为他博学多才，还有一些特长受乾隆的赏识。和珅对乾隆的心意揣测得非常准确，有一件事很能显示他在这方面的功夫。一天，已退居太上皇的乾隆部署了有关镇压白莲教的事宜后，单独召见和珅，在座的还有嘉庆皇帝。乾隆双目紧闭地坐在那里，嘴里不断地嘟囔，嘉庆努力地听，想知道乾隆在说什么，但一句也没听明白。过了一会儿，乾隆忽然睁开眼问道："他们都叫什么名字？"和珅立即回答："徐天德、苟文明。"乾隆又闭上眼，继续念叨。后来，嘉庆召见和珅，问他怎么知道乾隆问的是谁。和珅说，当时乾隆念的是西域密咒，咒人死亡，他就知道是在咒白莲教的首领。所以，在问他们都是谁时，他就回答了白莲教的两个首领的名字。和珅有这样的本领，怎能不受乾隆宠爱而青云直上呢？

□ 排外的同治皇帝

同治时期，夏同善常在宫中伴读。有一次，他私下取出一钟表赏玩，被同治皇帝发现，夺过表来弄碎，说:"没有此物就不知道时间了吗?"同治以第二次鸦片战争中咸丰逃往热河为耻,切齿痛恨洋人,曾让太监制洋人偶像,排列于几案之上,然后拿小刀砍掉人偶的头,边砍边说:"杀尽洋鬼子,杀尽洋鬼子。"

□ 同治微服私访

同治年间的湖南会馆与曾国藩在京的住所相对。一天,一个进京赶考的湖南举子正在午睡,忽然进来一个少年,随手翻看了一下案上的文稿,然后提笔涂改一遍,匆匆离去。举人问仆人来者何人,仆人说:"这个少年是曾国藩大人的客人。曾大人外出未回,所以信步来到举人老爷您这里。"曾国藩回府后,举人向他描述少年的长相,曾国藩大惊:"此今上也。"举人听后大惊失色,看着自己被"御批"得体无完肤的文稿,竟不敢再应试,当日卷起行囊回家了。同治皇帝喜欢微服私访,经常自称江西贡生陈某。一次与大臣毛昶熙相遇于一家酒肆,同治微笑着向毛点了一下头,毛吓得脸色大变,赶紧跑到步军统领衙门,步军统领衙门派出10余勇士跟随同治进行保护。十几天之后,同治在宫里见到毛昶熙,责怪毛多事。

□ 光绪曾打算用英语致新年祝词

1891年，20岁的光绪皇帝开始学英语。他学习非常用心，每日半小时的英语课程在清晨4点左右便开始。光绪曾计划在新年到来之际，根据一篇英文稿用英语致辞，以显示自己学习的成效。无奈各国公使不给面子，谢绝前去聆听。但这位好学的君主学习英语的热情并未因此而低落，通晓英语的宫内人向他辞别时，"皇帝只摇着头用英语祝我们幸福"。一时间，举止优雅、服饰华丽的嫔妃、格格们在道别时，"都已经学会清楚地说出'Goodbye'"了。光绪似乎希望通过学习英语来表明自己冲破保守势力的态度和信念。

《光绪大婚图册》（局部）。光绪十四年（1888年）农历十月初五，叶赫那拉氏乘坐八人抬的孔雀顶大轿出宫回到家中，等待皇帝的正式迎娶

□ 曾国藩吃牢饭

曾国藩曾遭诬陷入狱。第一次吃牢饭,尽管饥肠辘辘,曾国藩还是把饭推向一边。狱卒来取篮子的时候,曾国藩隐约听那狱卒念叨:"第一次没人吃,第二次没人剩。"果然,待第二次把饭篮子送进去以后,曾国藩不仅吃得很快,连那浑浑的汤水也全部灌进肚子里。第三次,曾国藩就吃得很香甜了。曾国藩在狱中悟出一个道理:"大凡人没有吃不了的苦,没有享得够的福。苦也好福也好,跟生存比起来,全在其次。"

□ 曾国藩教子

曾国藩从小寒窗数十年,备受艰辛,深知名誉、地位、家业来之不易。他目睹了那些达官显贵家庭出身的官二代们,不是饱食终日,无所事事,就是吃喝嫖赌,挥霍浪费,最终家业荡然无存,为此深为忧虑不安。于是,他教育子弟,首先就从做人开始。曾国藩从不以势压人,更不许子弟作威作福,当败家的纨绔子弟。他时时告诫子侄要戒骄奢佚。家里男的出门必须走路,不许坐轿或骑马,而家里的妯娌、女儿、媳妇,老老小小都要纺纱织布，养鱼养猪。即使他的夫人也得参加劳动，为全家做出表率。曾国藩时时告诫儿子不可假自己的名义行事，要洁身自好。同治二年（1863年），曾纪泽与家人乘船去金陵省亲，曾国藩写信给曾纪泽，告诫他一路上不挂大帅旗，不惊动地方长官，"烦人应酬"。同治三年（1864年）七月，曾纪泽赴长沙参加科举考试，曾国藩又告诫他不许和考官疏通，"不可送条子，进身之始，务知自重。"

□ 张之洞乱花钱

张之洞任湖广总督时，日本前首相伊藤博文前往武昌访问，将要游览黄鹤楼。张为了显示一下天朝上国的地大物博，交代江夏县令："馆宇内外陈设装饰，及一切饮馔之类，务极华美，不限费用，总以豪侈为主。"没想到伊藤博文来后，仅住了两日就走了，临走前他叹息道："金钱可惜！"张之洞调任两江总督时，其在湖广总督任内亏空白银500余万两，张致电盛宣怀欲挪借200万两补窟窿，约定日期归还。盛宣怀复电"有心无力"，张之洞阅电后破口大骂："杏荪（盛宣怀）原来是一个大滑头！"不过，这些亏空并没有进他自己的腰包，根据记载，张之洞"殁后家无一钱，惟图书数万卷而已","及卒,家不增田一亩云。"身为张之洞幕僚20多年而又直言不讳的辜鸿铭说:"文襄自甲申后,亟力为国图富强,及其身殁后,债累累不能偿,一家八十余口,几无以为生。"

□ 袁世凯公款笼络私人

清朝末年,湘、淮军军饷,每千人月支不超过5800两,而袁世凯所订新建陆军军饷章程,炮队每营(千人)月饷12080两;步队每营(千人)月饷8690两;马队每营(五百人)月饷7306两,比湘、淮两军多出甚多。在实际操作中,湘、淮军士兵的月饷是4两5钱,而新建陆军中待遇较优的炮队月饷不过4两8钱,那些多出来的银子都归了军官。湘、淮两军一营的统带月薪为50两,另有办公费150两。与此同时,新建陆军的炮队统带则为月薪150两,办公费200两;步队统带月薪100两,办公费300两;马队及工程营统带薪水、办公费合计为300两。这真是比从前大增了。所以袁氏标榜新建陆军待遇优厚,实在只是对军官而言,普通士兵却是一点好处也没有的,因为袁氏只要军官对他"知恩"就够了,这也是袁世凯收买其部属的方法之一。

□ 袁世凯为称帝修厕所

袁世凯宣誓就任中华民国大总统后搬进了中南海，办公室设在居仁堂。在他下了称帝的决心之后，便把中南海的总统府改名为"新华宫"。袁世凯一宣布称帝，立即遭到举国上下的反对。万般无奈之下，袁只得求助于迷信。其长子袁克定向他举荐了一位山东的风水先生贾兴连。很快，贾兴连被带进了袁世凯的办公室，袁对这个上过西洋学校，懂英文的"现代派"风水先生很感兴趣。贾兴连在紫禁城看了3天，认为新华宫门气散而不聚，正位之后，难免出现一些波折，

1913年10月，袁世凯就任中国民国大总统后与各国使节合影

而破解的办法就是在新华宫门左侧修建一个厕所，聚收秽气。袁世凯虽然觉得这样做不太雅观，但为了皇图永固，便接受了贾的建议。后来厕所是修好了，可举国反袁的声音却愈加高涨，他只做了83天的皇帝便呜呼哀哉了。

□ 民国时期著名的"认祖门"

民国时期，袁世凯倒行逆施复辟帝制，社会上一帮见风使舵的无行文人，看见风头立马对袁世凯复辟又吹又捧。其中一个叫张伯桢的，当时在司法部当个小官，想为袁世凯复辟作点"特殊贡献"，便独辟蹊径伪造了一本东莞《袁氏世系》，冒充是前代旧物。硬是将袁世凯与袁崇焕拉上了关系。另一个叫罗惇曧的更离谱，他为这个族谱写了个序说："袁氏四世三公，振兴关中，奄有河北，南移海隅，止于三水、东莞，清代北转项城。今日正位燕京，食旧德也。名德之后必有达人。"又把袁世凯与袁绍、袁术拉上了关系。袁世凯看了这本族谱大喜过望，下令全国印行。最后，袁世凯的下场跟他的"老祖宗"袁绍、袁术差不多，徒贻笑后人。

□ 民国初年"八百罗汉"闹国会

民国初年的北京国会，有议员800余名，号称"八百罗汉"，遇有问题争执不下，经常上演"全武行"。当时每名议员有石制砚台、铜质墨盒、带铜套的毛笔等办公用具，一个会议厅之内，就有砚台、墨盒、毛笔800套之多，一旦"罗汉"们火并起来，登时笔砚横飞，墨汁如雨，场面相当火爆。那时在国会里参观的洋记者和外籍观光客，对砚台、墨盒都存有莫大的戒心。曹锟贿选的时候，大选当日，亲自临场督选。当他走到北京议员国民党员吕复席前时，发现他竟未选自己，不禁心痒难禁，竟附耳轻语："如何不选曹某?"不料吕复叉指怒喝道："你要能做总统，天下人都能做总统了。你要是当了总统，总统也就不是总统了。"说罢，随手操起桌上的砚台向曹锟掷去。后来，北京国会内的管理员，也怕文具伤人，便把800只砚台、墨盒都钻了孔，用螺丝钉钉牢在桌上，以策安全。

□ 武昌起义时孙中山正在国外刷盘子

由于革命经费紧张，孙中山大部分时间都在为革命筹款。1911年10月,武昌起义爆发时,孙中山正在美国科罗拉多州丹佛市一家华人餐馆中打工,为革命筹措经费。他原先对"武昌暴动"的消息,并未有太强烈的反应。因为同样的起义他已领导过数十次了,何况这次的发动者和同盟会并无直接关系。可是一天他正手捧餐盘自厨房出来为客人上茶时,忽然一同事向他大叫一声说:"老孙,你有份'电报'。"说着,同事便把那份电报丢到"老孙"的餐盘中。孙中山拆阅来电,不禁喜出望外。原来那电报是要他立刻回国。因为随着革命情势的迅速发展,"中华民国"成立在即,革命离不开他这位领袖与导师。

□ 孙中山灵柩西山碧云寺历险

1925年,孙中山在北京因肝癌病逝后,灵柩在香山碧云寺停放了4年,以等待南京中山陵的竣工。1927年9月,"狗肉将军"张宗昌到北京开会时提议,孙中山停放灵柩的地方风水太好了,所以国民党军队才屡战屡胜,应该把孙中山的遗体毁灭,以绝后患,张作霖也随声附和。张宗昌随即带了一帮士兵到碧云寺金刚宝座塔里的孙中山灵堂大吵大闹,扬言要砸碎棺椁。守灵的卫士谭惠全不得已只身拜会张学良,希望他能劝止。张学良把张宗昌狗血淋头地大骂一通,但心中仍怕他有所行动,便秘电南京方面尽快移灵。情况十分危急,11月27日,守灵的卫士们把孙中山的遗体用药棉裹好,移入一个美式棺材里,藏到了一个不起眼的山洞中。直到1928年6月国民政府军队进入北京后,才将孙中山的遗体重新移入灵堂原位,碧云寺终又恢复平静。

□ 孙中山灵前的一幕

1928年1月,下野的蒋介石复出就任北伐军总司令。4月,第二次北伐开始。6月初,北伐军拿下了北京。蒋介石、李宗仁、冯玉祥和阎锡山来到北京西山的

1925年3月12日,孙中山在北京逝世,灵柩停放在西山碧云寺,并于寺内设灵堂接受社会各界人士吊唁

碧云寺，向孙中山的灵柩宣告北伐完成。蒋介石抚棺恸哭，冯玉祥、阎锡山也频频擦泪，唯一没哭的是李宗仁，他认为他们的举动都出于矫情，"我本人却无此表演本领"。

□ "中山装"蕴涵三民主义思想

"中山装"的起源可以追溯到1902年。当时，越南华侨黄隆生制作出了"中山装"的雏形。1912年，孙中山就任临时大总统时，所穿中山装上衣长74.4厘米，裤长100厘米，款式介于"中山装"和"制服"之间。这套"中山装"与后来的款式有所不同，其前襟有7颗纽扣，左右袖口各有2颗纽扣。1919年，孙中山请上海亨利服装店将一套制服，改制成"中山装"。1929年，国民党制定宪法时，将"中山装"定为礼服，规定文官在宣誓就职时一律要身穿"中山装"。后人对"中山装"的内涵，更有一番研究。据说是孙中山治国理念的体现：衣服上下左右4个口袋代表了礼、义、廉、耻"国之四维"；前襟的5颗纽扣分别表示孙中山将行政权、立法权、司法权、考试权、监察权"五权分立"的立宪理念；袖口的3粒纽扣则分别表示了民族、民权、民生"三民主义"。

□ 鹿钟麟与溥仪的告别

鹿钟麟追随冯玉祥近40年，因其人足智多谋，故有"鹿小鬼"之绰号。正是他带着士兵20人，将溥仪赶出了故宫。他将溥仪带至后海甘石桥的醇亲王府邸，突然拔出枪来问溥仪："从今以后，你是称皇帝，还是以平民自居？如果愿做普通人民，则我等军人对你自有保护之责任，如你仍称皇帝，那我们民国不容皇帝存在，我只能枪毙你！"溥仪受此威慑，声明自己愿为中华民国之一分子。鹿遂与之握手为别。

□ 陆征祥巴黎"出家"

陆征祥四度出任外交总长，曾代表中国出席巴黎和会，也正是这次出使使其外交理想彻底破灭。退出外交圈后，陆皈依基督教，进入布鲁塞尔圣安德鲁斯修道院当修士。一次，国民政府驻日内瓦国联代表颜惠庆专程拜访这位老上司。一见之下，大吃一惊。此时的陆征祥一脸营养不良的样子，简直和街上穷困潦倒的老乞丐没有区别。颜惠庆马上拿出钱送给陆征祥，陆征祥婉言相拒，称自己立誓安贫从教，如收钱也将交给院长。1949

年1月，陆征祥已经疾病缠身、卧床不起。修道院的院长南文主教对他说："中国占去了你一半的心。"陆无力说话，却伸出三根手指。南文明白了，说："中国占去了你四分之三的心。"陆征祥疲倦地笑了。

□ 蒋介石礼遇段祺瑞

1933年1月，交通银行董事长钱永铭持蒋介石亲笔信赶到天津。信中，蒋介石恳请段祺瑞"南下颐养"，并表示待其南下之后，"随时就商国事"。段祺瑞对钱永铭说："我老不中用了，如中正认为我南下于国事有益，可以随时就道。"22日，段祺瑞抵达南京，蒋介石令南京少将军衔以上军人，戎装过江到浦口车站迎接。那时候长江上没有大桥，火车只能到达南京对岸的浦口，再坐船到达下关。蒋介石全副戎装亲自到下关码头恭迎，向段祺瑞敬礼，搀扶他下船到达国府。当晚盛宴招待，南京的军政要员全部出席作陪。当晚，段祺瑞提出要到一个安静处长住，蒋介石问道："段先生愿住南京还是上海？""那就上海吧。"有一年蒋介石在庐山避暑，还派人到上海段公馆问安，请段祺瑞到庐山度夏。为了感谢这段盛情，段祺瑞派儿子段宏业去过一次庐山，向蒋介石禀报了他的身体状况，回复，明年身体适应，定来庐山看看。段祺瑞多次向来客说："中正和我下棋赢了，赢得有风度，我希望他和日本人下，也要赢才好！"

□ 蒋介石的糟糕口音

第二次世界大战时期盟军中国战区参谋长史迪威将军与蒋介石之所以引发矛盾，其中一个原因就是蒋的浙江方言。史迪威会说汉语，不要翻译。但是，除了蒋介石的老乡之外，连别的中国人都觉得蒋的话难懂。当他说"好，好"时，他的意思是"我知道了，我知道了"。但在普通话里，"好"表示同意。这就能解释为什

1942年蒋介石、宋美龄夫妇与史迪威将军在缅甸

么史迪威会指责蒋介石总是"违背诺言"。大约在1943年,军事委员会联络处一个姓侯的主任被蒋介石召到办公室一阵训斥。他极力为自己辩护,当蒋介石吼道"枪毙"时,他脸都吓青了。他哆哆嗦嗦地回到家里,告别了亲人和朋友。几天过去了,他仍然活着。等他缓过神来时,便找蒋介石的一个贴身警卫打听到底是怎么一回事。警卫的话让他松了一口气,原来蒋介石常带着很重的口音,吼的那句话是"强辩"!

□ 蒋介石最喜欢说"达令"

蒋介石虽出身行伍,却热衷于"外语"。早年的蒋介石会说日语,对俄语也略知一二,可就是不懂英文。幸运的是,蒋介石找了个精通英语的夫人——宋美龄。在某种程度上,宋美龄对她的丈夫有一种软化的影响,蒋介石竟学会了用英语"达令"称呼她。但是蒋介石的地方口音太重,所以没有人能真正听懂他说什么。据说,蒋介石的警卫员总是无意中听到"达令"这个词,便以为这一定是上流社会称呼"太太"或"夫人"的时髦说法。有一天,宋美龄让一名警卫员给蒋介石捎个口信,结果,这个不幸的家伙双脚立正,尊敬地对蒋介石说:"先生,达令让我告诉您……"蒋介石此时简直不能相信自己的耳朵，但很快便意识到这名警卫并未真正明白这个词的含义，他摆摆手，让这名警卫走开了。

□ 蒋家因"江南命案"受重挫

1984年，"江南命案"发生后，国际上对蒋经国及其涉案的二子蒋孝武颇多谴责，蒋经国开始有所思考。他专门询问英语翻译马英九，"戒严"一词在英语世界的含义以及观感，马英九答曰："戒严"的英文意义是"军事管制"、"没有法律"。蒋经国连连说："我们没有这样啊！我们没有这样啊！"1985年8月16日，蒋经国在接受美国《时代》杂志专访时，明确指出自己从未考虑由蒋家人继任"总统"。他这样说也这样做了。蒋经国为了平息事态，于1986年将蒋孝武由情报机关的首脑外放新加坡任商务代表团副代表。

蒋孝武从小心眼很多，蒋介石就曾对身边人说："这个孝武啊！眼睛动不动就眨呀眨的，可见他主意多，是个计谋多端的鬼灵精。"他原来在政坛上一帆风顺，被很多人看好，但就因为"江南命案"，不仅让他毁了前程而且成了臭名昭著的反面人物。蒋孝武于1991年因心脏病而突然离世，年仅46岁。

□ 蒋经国开放老兵回大陆探亲

1986年4月,广西电影制片厂拍摄的《血战台儿庄》在香港放映,台湾中央社香港负责人谢忠侯看完电影后给蒋经国打电话,"我刚才看了中共在香港上映

1948年蒋经国与父亲蒋介石的合影

的一部抗战影片，讲的是国军抗战打胜仗的，跟以前的影片不一样。"蒋经国听说后，让谢把电影找来看看。通过新华社香港分社，谢忠侯得到了录影带，带回台北。看完后蒋经国说："从这部影片来看，大陆已经承认我们抗战了，大陆的政策有调整，我们也要作些调整。"不久，他开放了国民党老兵回大陆探亲的政策。

□ 李宗仁的坎坷军校路

李宗仁年幼时母亲问他长大后要做什么，李回答"养鸭子"，因为鸭可生蛋，蛋可生鸭，生活就可以有保障。李宗仁的母亲对儿子的回答非常满意，她只勉励儿子勤耕苦读，做诚实忠厚之人，绝无要他出将入相之心。后来李宗仁考上了广西陆军小学堂。当16岁的李宗仁从老家临桂县两江镇赶到桂林城里报到时，却因迟到10分钟而失去了入学资格。万分沮丧的他第二年再次投考才进入这所模仿日式教学的新式军校，军校的总办蔡锷，是李宗仁十分崇拜之人。当时正是1908年，清政府颁布了中国历史上第一部宪法性文件《钦定宪法大纲》，轰轰烈烈的大革命时代开始了。

□ 李宗仁回大陆，为的是"吹牛"过瘾

1965年7月，李宗仁和夫人一起飞回了大陆。李宗仁喜欢"谈国事"，在美国的寓公生活实在寂寞。在给李宗仁做口述历史的唐德刚的印象中，寓公李宗仁"最大的嗜好还是聊天、谈国事"，有时唐德刚甚至会带"一批谈客"去和李宗仁"谈国事"，这个时候李宗仁就会特别高兴，"谈笑终宵"。后来唐德刚不常去李府了，李宗仁每遇到重要新闻，还是打唐德刚家的电话要"谈谈"，遇到唐德刚不在家，李宗仁就要在电话里和唐德刚的夫人为"国事"谈上半天。这让唐德刚觉得，"和这些青年的家庭主妇'谈国事'，李'代总统'也未免太委屈了。"这或许是李宗仁选择回大陆的原因之一，因为"北京的人民政协之内，胜友如云，吹起牛来，多过瘾！"

□ 李宗仁伊斯兰堡机场险遇"劫"

1965年7月，李宗仁夫妇回国途中在巴基斯坦卡拉奇转机。14日凌晨3时许，他们刚下飞机，一辆闪着警灯的救护车就停在面前，确认李宗仁夫妇身份后就把他们带上了车，飞快开往中国使馆。在车上，大使丁国钰

解释说，"我是中国驻巴基斯坦的大使，奉周恩来总理的指示前来迎接你们。"原来，大陆方面已经得到情报，台湾方面派特务企图在机场大厦楼梯对李宗仁下手，丁国钰赶紧向巴基斯坦有关部门借来这辆救护车接机。

□ 75岁李宗仁给娇妻嗑四两南瓜子

1966年7月26日，75岁的前国民党"代总统"李宗仁与27岁的胡友松在北京结婚。胡友松是我国第一位"电影皇后"胡蝶之女。从北戴河度蜜月回来后，胡友松感觉肚子难受。经检查，医生说是肚子里有蛔虫。为了避免副作用，医生没开打虫药，只开了四两南瓜子。回家后，李宗仁嗑开一粒粒瓜子皮，非要亲自看着胡友松吃下去。晚上，胡友松不舒服躺在床上，李宗仁就边讲故事边给她嗑瓜子，直到胡友松迷迷糊糊地睡着了。次日起床后，胡友松感觉肚子不疼了。这时她发现身旁的李宗仁还在睡觉。李宗仁平日生活很有规律，有早睡早起的习惯，这次怎么一反常态还没醒？胡友松不明就里，担心他是不是身体不舒服，一下子紧张起来。这时，胡友松瞅见一旁桌子上的果盘里盛满了嗑好的南瓜子，才恍然大悟。原来，在她睡着之后，李宗仁一颗颗地为她嗑完全部的南瓜子后才休息。

□ 少帅张学良枪毙土匪张学良

1934年，张学良从海外归来，被任命为"豫鄂皖三省剿匪总司令部"副总司令，负责对鄂豫皖苏区的围剿。他上任后不久，有天突然接到一份部下送来的呈报。张学良一看，这心里的火就蹭蹭往上冒。呈报里边说，皖豫交界处有支土匪，其头目名字也叫张学良，自封为司令，时常借着"张学良"的名字号令四方。怒发冲冠的少帅张学良一声令下，士兵出动，将土匪张学良打得落花流水，并在阜阳南乡徐园子将其抓获。当抓获匪首的文件送达少帅张学良的案头时，下级问他该怎么处理。少帅张学良连眉头都没皱一下，立刻提起红笔在文件中"张学良"的"良"字旁加了一个反犬旁，并且画了红叉。于是，"良"变成了"狼"，得名为"张学狼"的匪首被迅速正法了。

□ 张学良当年不喜人称他为"少帅"

民国初年，世人习惯把军阀叫做大帅，大帅的儿子自然就叫少帅了。但在当时，少帅并不是一个美称，尤其是对成年人，被称为少帅总有荫庇于父辈的羽翼之下，本人没什么本事的意思。意气风发、踌躇满志的张学良,作为奉系军阀张作霖的儿子,自然很不喜欢别人称其为少帅。1923年,张学良任东北航空处总办。一次,新来的勤务兵傅德喊他:"少帅,请您接电话。"张学良一听,只装作没听见。更多的时候,张学良的部下只能称其职务,如当了东三省保安总司令后,下属便称他为"总司令"。1990年张学良90岁生日之时,台北、沈阳等地都举行了隆重的祝寿活动。海峡两岸的新闻报道,都把张学

张学良青年时期西装照

良称为"少帅"。此时张学良心态已趋于平和，他也明白现在人们称他"少帅"，已和当年意义大不一样了，更多的是在表达一种亲切感，所以他也欣然接受。

□ 张学良赶流行拍彩照解闷

张学良被软禁在湖南郴州苏仙岭时，原配妻子于凤至给他带去一架最新式的能拍彩色相片的照相机，那时候彩色照片在中国还不怎么流行。那架彩色照相机的长处是一切都是自动的，只要照相的人用手一按快门，立即把景物摄入。它的短处是，胶卷在当时的国内还没法冲洗，必须整卷寄到美国去。张学良等人先后照过很多有趣的相片，其中人物有莫德惠、张学良、戴笠、郑介民、伊雅格、于凤至、赵四小姐以及刘秘书等人，甚至连那位家住萍乡的李小姐、讲古文的吴老先生也都包含在内。可惜寄到美国去冲洗的底片，从没有寄回来过，可能是被检查的人扣起来了。

□ 张学良"坐台"、"转台"收听国外电台

张学良住在台北市北投居所的最后 10 多年，由于年事已高，看报只看大标题，而且还得用放大镜瞄，也

不看电视，因此，主要的信息来源就是听广播，所以搜集高档收音机，更成为张学良的嗜好。张学良的收音机都是亲自到台北市武昌街选购，他最喜欢一款日本SONY短波收音机，功率强，可以收听到国外广播，如俄罗斯之音、英国BBC与美国之音的中文广播，这些都是张学良固定会收听的广播。

由于年纪大，眼力也不行，转频道很费事，有时也调不准，所以张学良干脆每个房间都摆台收音机，且固定好频道，如果想听俄罗斯之音，就到频道已设定为俄罗斯之音的房间，如果想听BBC，再换到另一个专属房间，形成了有趣的"坐台"、"转台"听收音机的画面。据了解，张学良通常是在晚饭后才收听广播。据说，张学良早年会收听大陆的广播，蒋介石获悉后，曾要求当时负责看守的刘乙光转达"不准收听中共广播"的禁令。

□ 张治中"糟糠之妻"不下堂

爱国将领张治中是安徽巢湖市（原巢县）黄麓镇洪家疃人。按当地习惯，张姓人家和洪姓人家要联姻，于是父母便早早给张治中定下一位洪家的女孩，指腹为婚。1907年，这个名叫洪希厚的姑娘已17岁了，终于迎娶过门。与当时绝大多数农村劳动妇女一样，她也不识字，但很能吃苦耐劳。她成亲后立刻就负担起了上养老下抚小的家庭重任，一面要照顾体弱多病的公婆，一面要照顾几个小叔子。数年后公婆相继去世，张治中因在外没能赶回家，洪希厚便尽长嫂之责，带着小叔子回自己的娘家，艰难度日。难能可贵的是功成名就之后，张治中依然对洪希厚不离不弃，两人白头偕老。虽然洪希厚没有文化，却跟着张治中见过许多大世面，性格开朗，与宋氏姐妹、何香凝等许多高官夫人交好，而且善于持家。尽管有人曾多次劝张治中另组家庭，但每次张治中都以"她是我孩子的母亲"挡回。

□ 何香凝裙上题诗羞辱蒋介石

1931年"九一八"事变后，何香凝从巴黎日夜兼程返回上海，积极从事抗日救亡活动。"一二八"抗战时，她多方筹捐筹饷，曾创办一所"国民伤兵医院"，鼓励前方将士奋勇杀敌。蒋介石曾设家宴宴请何香凝，但对抗日之事闭口不谈，何香凝罢宴而去。后拿出自己的一条裙子，附上一首诗，打成小包，寄到蒋介石那里。那首诗是：

为中日战争赠蒋介石及中国军人以女服有感而作。

枉自称男儿，甘受倭奴气，不战送河山，万世同羞耻。吾侪妇女们，愿往沙场死，将我巾帼裳，换你征衣去。

□ 西安事变后戴季陶磕头放弃"主战"

西安事变爆发后，国民党中央在对张学良"打"还是"不打"的问题上意见不一。考试院院长戴季陶开始态度异常激烈，认为要坚决开战，后被宋美龄和孔祥熙等主和派说服而改变主意。西安事变的第二天，国民党中央党部召开紧急会议对此事进行磋商，休会时，戴季陶出其不意地向与会者磕头，说："我是信佛的。活佛在拉萨，去拉萨拜佛有三条路，一是由西康经昌都；二是由青海经玉树；还有一条是由印度越大吉岭。这三条路都可通拉萨，诚心拜佛的人三条路都走，这条不通走另一条，总有一条走得通的，不要光走一条路。"说完又磕了一个响头，退了席。与会者看见这一幕，特别是反对采取和平手段的人，知戴季陶转了向，也不再提反对意见了。

□ 宋庆龄筹办足球义赛赈灾

1943年初春，黄河决堤，河南遭受特大洪涝灾害。

寓居重庆的宋庆龄闻讯心急如焚,决定出面筹办一次国际足球义赛来筹款,各界人士热烈响应。经过协商,中国方面很快诞生两支球队:重庆体育健儿组成的"东平队"和各地足球名将组成的"沪星队"。国外方面,包括由英国驻华使馆及军事代表团的体育爱好者组成的"英联队",由韩国在华青年组成的"韩青队"。国际足球义赛共踢了3轮5场,最终"沪星队"夺冠,共筹得法币125530元。

□ 汪精卫被迫给溥仪鞠躬行礼

汪精卫和溥仪都曾做过日本人控制下的傀儡政府首脑。1943年,在日本人操纵下,汪精卫曾到伪满洲国"首都"长春拜见"康德皇帝"溥仪,构成中国历史上最具讽刺性的一次会面。双方为会见礼仪产生很大矛盾,汪精卫坚持要以两国元首礼相见,而日本人唆使溥仪坚持要求以朝礼相见。双方反复争论,最后由日本人斡旋,采用西礼。但当汪精卫走进伪满洲国皇宫后,事情突然发生变化,只见溥仪立于上方,让汪等人站下方,站好后,边上侍卫官高呼"一鞠躬"。事已至此,汪猝不及防,勉强行礼,三鞠躬毕而溥仪不答,汪等礼毕,溥仪始与其握手。当天汪精卫还寓,痛哭不已,此

赴日"朝觐"的汪精卫与日本军政要人合影

哭声何人能解？33年前，正是汪精卫，在革命党屡次起义失败的激愤下，以"引刀成一快，不负少年头"的决绝，毅然从东京去北京刺杀溥仪的父亲、摄政王载沣。如今头颅低得那样卑微，可谓英雄气短，一腔心事付水流。

□ 汪精卫坟墓被炸

1946年1月15日夜，在南京黄埔路陆军总部会议厅里，何应钦亲自主持了一个只有南京市市长马超俊、陆军总部参谋长萧毅肃、陆军总部工兵指挥官马崇六、宪兵司令张镇和陆军74军51师师长邱维达5人参加的秘密会议。何应钦首先要求与会者要"绝对保守秘密，不得向任何方面泄露。"他说："委员长不久就要还都，汪精卫这个大汉奸的坟墓，居然葬在梅花山，和孙总理的陵墓并列，太不成样了。如不把它迁掉，委座看见了，一定要生气。同时也有碍各方面的视听。你们详细研究一下，怎样迁法，必须妥慎处理。"说完，何应钦就离开了。萧毅肃补充说："总司令已经接到重庆指示，这个问题关系到国内和国际的视听，限我们在10天之内处置好。"21日，在马超俊、马崇六、邱维达等监督下，51师工兵营长李东阳等用150公斤"TNT"，炸开了汪精卫的坟墓，取出棺木和尸体在清凉山火葬场火化后，连夜将坟地平整好，一点也看不出原来的痕迹。

□ 民国"官二代"买装甲轿车

国民党军事委员会军事参议院院长陈调元，北伐之前是军阀，家产上千万。陈调元的长子陈度是民国时期有名的纨绔子弟。陈度花天酒地，不得父亲喜欢，就动心思讨好老爷子。山东省主席韩复榘从国外订制了一部装甲轿车，有双层防弹玻璃，底盘和车身都带装甲，要12缸的发动机才能驱动，陈调元垂涎不已。于是陈度花一万元在美国定制了一辆16缸的大别克装甲防弹车，连蒋介石都没有。陈调元不敢坐,想退货又怕美国公司不干,无奈收下了这件奢侈品。他的姨太太们为显气派,在车上安装了奔驰车的喇叭。后来韩复榘因通敌叛国被蒋介石枪毙,他的那部12缸的汽车也归了陈调元。

□ 陈立夫与云南白药

国民党元老陈立夫高寿103岁,他对云南白药赞赏有加,怀念不已。他曾撰文记述:"民国三十年(1942年),余以视察教育去昆明,当时云南主席为龙云。临行彼郊送余五里,并以上品白药十二瓶见赠。车达贵州境,经弯曲极多之高山,见一卡车翻覆,司机二人一死一伤,伤者奄奄一息,满面是血。余忽思及白药,遂将之溶于水,强灌入口,待片刻稍息微动,小心抬入余车后座,送至盘县医院,留一名片及地址而去。不久,接司机恳人代笔谢函,始知其愈后,欣喜不已。其后亲友中有重伤者,辄以白药贻之,无不获愈。1950年去美尚余两瓶,复治愈一因上桌挂画跌折腰骨之友人。其后在农场工作,余以举重物而折腰,已无白药以自医。求诊于西医,越月而不愈。有此比较,深感吾祖先之伟大发明,实足以救济世人。"

1979年，蒋经国（后排右二）与陈立夫（左二）及其家属、友人合影

□ 吴稚晖赶在蒋介石生日前去世

蒋介石一生喜欢人奉承、吹捧，更喜欢人们把他当做伟人。他败退台湾后，仍用权力将自己塑造成"神"。每逢生日，均要台湾人民为其庆寿。蒋过生日时，还特别忌讳不吉利的事发生。

1953年10月29日夜，"总统府"突然接到国民党元老吴稚晖亲友的电话，说吴稚晖生命垂危，而且有可能挨不过31日。当时，吴稚晖的亲朋好友都在医院照料他，没有人意识到31日是蒋介石的生日。"总统府"秘书长王世杰考虑再三,将此情况告诉了蒋介石的心腹陶希圣。陶思考了老半天后说:"要医院想办法将吴稚晖拖到11月1日。"到了30日下午6点,吴稚晖的主治医师发现吴稚晖病情突然恶化,估计不到11月1日就会断气。"总统府"决定,如果吴稚晖拖不到11月1日,就在30日夜12点以前使其停止呼吸。就这样,医院不得不停止对吴稚晖的抢救,插在吴稚晖鼻子上的氧气管拔出不一会儿,他就停止了呼吸,此时为1953年10月30日夜11点28分。

□ 台湾的"文字狱"

国民党溃退台湾后,当局对意识形态的控制一度走向极端,造成不少"文字狱"。台湾有个作家叫陈映真,因为一些政治因素被抄家。警察从他家里搜出一堆马克·吐温的小说来,就说:"马克·吐温不是马克思的弟弟吗,你怎么会有他的书?"罪加一等不在话下。依此类推,德国政治经济学家马克斯·韦伯的著作同样遭殃。而金庸的《射雕英雄传》书名在台湾被改成了《大漠英雄传》,因为"射雕"两字曾在毛泽东的诗词中出现过,所以被迫改名。

□ 瞿秋白翻译国际歌

《国际歌》由巴黎公社诗人鲍狄埃作词，法国工人狄盖特谱曲。传入中国后，耿济之、郑振铎以《第三国际党颂歌》为名做过翻译，却没有曲谱，加上歌词艰涩不上口，人们不易接受，无法传唱。1923年，瞿秋白从苏联回国，担任中国共产党机关刊物《新青年》的主编。不久，他守着一架风琴，对照原文，自弹自唱地将《国际歌》重译。他译到"国际"一词时，汉语只有两个字，太短，外文却是很长一串音节，于是索性采取了

年轻时候的瞿秋白

"英特纳雄耐尔"这一音译。1924年5月5日,在马克思诞辰纪念日那天,身为上海大学社会学系主任的瞿秋白在校内登上讲台,与任弼时等师生用中文一起高唱《国际歌》,从此这首歌曲伴随中国共产党走过了风风雨雨。

□ 陈独秀张国焘为党员薪水大吵

1921年共产国际决定资助中国共产党下属的中国劳动组合书记部,每月资助经费1000多元,按书记部30人计算,平均每人每月可获得20到30元的生活津贴。当时的中共领导人陈独秀和负责具体执行此事的张国焘,曾经为此大吵了一架。陈独秀认为,收人佣金的革命是雇佣革命,党员不应该领取薪水;而张国焘则认为,要从实际情况出发,全凭热情没有生活来源的革命是不能长久的,应该适度领取工资。最后两人想出了一个变通的方法:工作人员领取的津贴不再叫做薪金或者是工资,而称之为生活费,其标准也相应降低,最高不超过25元。之后中央形成文件,原则上共产党员应该无报酬地为党工作,现在所规定的生活费,只给予一部分不领补贴就不能维持生活的同志。

□ 毛泽东给邓小平找马

长征期间行军艰苦，一匹马有时就能决定一个干部的生死。因为是"毛派头子"而挨整的邓小平，当时在总政当巡视员，坐骑摔死了没法补充，全靠步行，脚都走肿了。一直暗中关心邓小平的毛泽东看到了，悄悄安排中央纵队的特派员肖赤给邓小平找匹好马。肖赤特意为邓小平找了一头矮小结实的骡子，毛泽东听说是骡子而不是马，脸一下子就沉下来。肖赤赶紧解释，骡子比马耐力好，邓小平脚肿，马太高爬不上去，毛泽东这才转怒为喜。

□ 毛泽东让儿子读书

在延安时毛泽东曾两次寄书给正在苏联上中学的儿子毛岸英和毛岸青。1939年寄去的一批书，途中丢失了。1941年1月寄出第二批书时，他写信说："关于寄书，前年我托西安林伯渠老同志寄了一大堆给你们少年集团，听说没有收到，真是可惜。现再酌检一点寄上，大批的待后。"少年集团泛指跟毛岸英、毛岸青一起在苏联读书的中国学生。

毛泽东随信附了一张书单，并注明了册数。上面写道："精忠岳传2，官场现形4，子不语正续3，三国志4，高中外国史3，高中本国史2，中国经济地理1，大众哲学1，中国历史教程1，兰花梦奇传1，峨嵋剑侠传4，小五义6，续小五义6，聊斋志异4，水浒4，薛刚反唐1，儒林外史2，何典1，清史演义2，洪秀全2，侠义江湖6。"

□ 毛泽东：赔个不是当拜年

在延安整风审干时，负责八路军通信广播的军委三局中，不少人被打成特务。他们大多是从大后方或敌占区来的知识青年，虽然后来进行了甄别平反，但有些人仍然背着思想包袱。1945年春节，毛泽东请三局的干部战士到枣园，对大家说："三局同志今天到这里来给我拜年，现在我给你们拜年，你们辛苦了。"说到不少人在运动中受委屈的事，毛泽东摘下帽子，恭恭敬敬地给大家鞠躬，然后风趣地说："现在我把帽子拿下来了，赔一个不是，敬一个礼，那么受委屈的同志你们怎么办，你们应该还一个礼吧？你们不还礼，我这个帽子就只好老拿在手里……"在场的人本来憋了一肚子的委屈，听到这里，全都抱头痛哭……

□ 毛泽东陕北吃羊杂碎

1947年10月17日,转战陕北的毛泽东由神泉出发去佳县调查。佳县县委的同志陪毛泽东步行进城参观市场。毛泽东兴致勃勃,看到街边到处摆着卖煮羊肉、羊杂碎的摊子,吃的人很多,吃得很香,毛泽东悄悄对随行的汪东兴说:"咱们也吃些?"汪向县委书记表示了这个意思,县委书记对毛泽东说:"主席想吃羊肉、羊杂碎,这好办,我们买回去吃,怎么样?"毛泽东说:"买回去吃就不香了。"县委书记说:"这里的羊杂碎吃不得,你们仔细看看,这锅里还漂着羊粪呢!"毛泽东一听这话,笑了,说:"羊吃草长大,羊粪不过是羊消化过的草,煮熟了吃点没有关系。"说罢,笑着离开了羊肉摊。

□ 李达睡过毛泽东的床

1948年,毛泽东在西柏坡给正在湖南大学法学院任教的李达去信说:"吾兄乃本公司发起人之一,现公司生意兴隆,盼兄速来参与经营。"1949年,李达到北平见到了毛泽东,两人会面都很高兴,在毛泽东的坚持下，李达睡在了他的床上。李达从这次难得的殊遇中联想到严光"以足加帝腹上"的故事，他向小老乡唐棣华讲了这个故事后说："严子陵以足加帝腹上，忘其尊贵。我可没有忘其尊贵以足加'帝腹'上。因为我要秘书另外找房子，是毛主席自己不让。"

□ 毛泽东请客吃饭一律用竹筷

1949年9月的一天，毛泽东突然吩咐卫士："今天我要在家招待客人，是国民党起义将领，中午就在这里吃饭，你们准备一下。"毛泽东极少留客吃饭，更少亲嘱工作人员。随后，中央办公厅主任杨尚昆让毛泽东贴身卫士李家骥通知厨房多加几个菜，招待科帮助搞好一点，并说："你到招待科弄些好点的餐具来。"李家骥摇头摆手："主任，主席反对摆阔呢！"杨尚昆知道毛家餐具难登大雅之堂，现有竹筷霉变发黑，洗之不净，便解释说："这次例外，不然人家会笑话我们的。"李家骥只好到招待科借来一套新碗和象牙筷。饭前，毛泽东突然光临东房餐厅，有点像特意来检查。毛泽东见餐厅布置得井然有序，微微点头，当看到桌上白洁的象牙筷时，他立时脸色一沉，严肃地说："谁让你们摆象牙筷？赶快给我拿下去！"这时，李家骥只得硬着头皮解释，说是从招待科借来的……毛泽东不等说完,大声道:"我叫你撤你就撤!"说罢,拂袖而去。事后,毛泽东重申:"今后不管来客是谁,都要讲节约,不能摆阔气,不能大吃大喝。而且,今后无论是待客还是自家吃饭,都一律用竹筷!"

□ 毛泽东"激将法"促罗瑞卿学游泳

1956年初夏,毛泽东在武汉,突然萌生在长江里游泳的念头,罗瑞卿、王任重、汪东兴都坚决反对,他们怕出危险。毛泽东为此很烦躁,于是对罗瑞卿说:"你不让我游泳,无非就是怕我死在那个地方么!你怎么知道我会淹死?"罗瑞卿没辙了,亮出最后一招:"那这事得向中央请示汇报后,才能决定!"毛泽东脾气也上来了:"你向谁汇报请示?中央主席就是我!"毛泽东要是较上劲,谁也挡不住。最后毛泽东是尽了兴,游完了,气却依然没有消,对罗瑞卿说了几句一般人难以承受的话:"有什么危险?还不是你自己不懂水性!所以你不敢游!连游泳都不会的人,还能指挥军队?"毛泽东这一激,促使罗瑞卿奋发学习,很快学会了游泳。这年,罗瑞卿50岁。

□ 毛泽东教训江青：屁股别坐错了位置

1970年8月，九届二中全会在庐山召开。会议期间，一次叶群和黄永胜、吴法宪、李作鹏、邱会作四人一起去拜访江青，双方貌合神离、虚情假意地谈了一会儿。叶群等人走后，江青立即调车去了毛泽东那里。回来后，江青情绪很不好，找工作人员发泄，直到汪东兴来了又走了，江青的火气才基本上消失了。为什么会这样呢？事后工作人员才知道，江青到毛主席那里后，惹得主席不高兴。主席教训她，"在关键时刻头脑要清醒"，"屁股别坐错了位置"。

□ 毛泽东晚年喜欢看李小龙电影

1973年，毛泽东的白内障病情加重，他身边的工作人员知道他喜欢看电影，就建议他多看一些电影，少看书报。华国锋让文化部分管电影的刘庆棠想办法弄一些香港影片回来，看看主席喜不喜欢。当时内地和香港没有文化交流，于是刘庆棠找到当时广东省委第一书记韦国清。韦国清一时也没有门路，便把新华社香港分社社长梁威林叫来商量。正好，梁威林的一个朋友与邵逸夫是好朋友，他就通过这位朋友向邵逸夫借影片。几经周折，借到了李小龙主演的三部电影：《精武门》、《猛龙过江》和《唐山大兄》。刘庆棠后来问毛泽东秘书张玉凤，毛主席喜不喜欢看香港电影？张玉凤说："喜欢，凡是来了好电影，他往往文件都不看了，马上看电影。特别是李小龙的电影，他一边看还一边鼓掌：'功夫好！打得好！'"刘庆棠说，一般借香港电影，毛泽东要看十几天，断断续续地看，每次看几分钟。而李小龙的电影，毛泽东要留下一个月，反复看。

□ 周恩来邓小平合开豆腐店

20世纪20年代，周恩来与邓小平在法国勤工俭学期间，有件事很值得一提，就是两人组织留学生开办"中华豆腐店"。中国赴法留学生中，许多人家境贫寒，他们出国勤工俭学，有时遇上当地经济萧条，处境便更加困难，只能大家共同想方设法克服。1922年6月，在周恩来的倡议下，由邓小平牵头在巴黎办起一家"中华豆腐店"。留学生们在工作学习之余轮流到豆腐店参加劳动，甚至连大忙人周恩来有时也抽空来店中帮上一把。在周恩来、邓小平等人谋划下，"中华豆腐店"所产豆腐，不仅华侨华人喜欢，连法国人也爱吃，往往供不应求。"中华豆腐店"由于经营得法，效益很好，不仅补贴了留学生们的生活费用，还为中共旅欧支部提供了部分经费。

□ 周恩来最瞧不起的人

1931年，中央特科负责人顾顺章叛变投敌，在其帮助下特务很快抓住了恽代英、向忠发、蔡和森等中共领导人。时任中共中央总书记的向忠发在被捕后，未等特务们用刑就主动招供，叛变投敌，并很快供出了与他的情妇妓女杨秀贞住在一起的任弼时夫人陈琮英，致使两人被捕。两人被捕后遭到特务们的严刑拷打。然而，杨秀贞同中共党员陈琮英一样，始终没有吐露与中共的关系，向忠发还出面劝她，要她说实话。后来周恩来在得知这一情况时说："向忠发的节操还不如一个妓女。"

□ 周总理亲自动手为志愿军炒面

1950年12月中旬，为尽快解决志愿军的干粮问题，支援军队打过三八线，在国内，周总理向东北、华北和中南各省市布置，发动群众，家家户户炒炒面。周总理还亲自到北京市的一些机关视察炒面情况，并且与机关同志一起动手炒面。周总理右臂曾受过伤,炒面时单靠左臂用力。一位同志上前抢他手中的铲子,说:"总理,不要累坏了身体。"周总理说:"不要紧,我们在国内受点累不算什么,志愿军在前线很艰苦,要把炒面做好送给他们当干粮,支援他们打胜仗啊。"这样,炒面也就成了朝鲜战争时期志愿军的主要野战干粮。

□ "九一三"之后周恩来号啕大哭

1971年"九一三"事件发生后,林彪等人摔死在蒙古,周恩来独撑大局。协助周恩来处理事件的纪登奎见总理独自一人坐在人民大会堂新疆厅的临时办公室内发呆,一副心事重重的样子。纪登奎和李先念等人不知总理为何闷闷不乐,便进去好言相劝。总理只是听着,一言不发。纪登奎说:"林彪已经自我爆炸了,现在应该高兴才是,今后可以好好抓一下国家的经济建设了。"这番话显然触动了总理的心事,周恩来先是默默地流泪,后来渐渐哭出声来,接着又号啕大哭起来,其间曾几度哽咽失声。纪登奎和李先念见总理哭得这么伤心,一时不知说什么好,就站在一边陪着。最后,总理慢慢平静下来,半天才吐出一句话来:"你们不明白,事情不那么简单,还没有完……"下面就什么也不肯再说了。

□ 周恩来在"文化大革命"中的一次"国骂"

在大家的印象中,周恩来向来文质彬彬、温文尔雅。但据周恩来秘书纪东的回忆,非常有亲和力的周恩来,"文化大革命"期间有一次竟然脱口便是"国骂"。1973年前后,周恩来三次受到毛泽东的批评。"四人帮"也借着这个机会,对周恩来进行密集的围攻。在关于林彪到底是"极左"还是"极右"的问题上,当时周恩来支持林彪是"极左"的看法,所以要清除"极左"势力。但是"四人帮"反过头来说林彪不是"极左",是"极右",转而批评周恩来。当时,回到办公室,周恩来拿起一份文件看了以后,把文件啪地朝侧右后方摔去,纪东听到一句话:"妈的,怎么不是极左,就是极左嘛!"声音不大,但每个字都听得清清楚楚。当时,纪东看到周恩来双眉紧锁,两臂放在椅子扶手上,上身靠着椅背,两眼怒视着窗外。

□ 低着头走上坡路

美国代表团访华时,曾有一名官员当着周总理的面说:"中国人很喜欢低着头走路,而我们美国人却总是抬着头走路。"此话一出,语惊四座。周总理不慌不忙,面带微笑地说:"这并不奇怪。因为我们中国人喜欢走上坡路,而你们美国人喜欢走下坡路。"

□ 周恩来劝邓小平:你就不能忍一忍

时间进入 1975 年,周恩来的身体越来越差,感觉自己时日不多的他开始考虑身后事了,先后数次向毛泽东举荐邓小平代替自己在国家和党内担任的职务,实际上就是要把邓小平提拔到"二把手"——接班人的位置。毛泽东晚年最大的一块"心病"就是怕身后有人站出来算"文化大革命"的账。于是,毛泽东利用和邓小平一起会见外宾结束后的机会,正式"考验"邓小平:"小平同志,趁我还健在,你主持一个政治局会议,把文化大革命的结论作一下。还是那句老话:功过三七开。"孰料,邓小平回答道:"主席呀,文化大革命的结论我作不合适,我是桃花源中人。不知有汉,何论魏晋。"告别毛泽东后,邓小平就赶到了 305 医院将事情告诉了周恩来。听完后,周恩来瞪着眼睛对邓小平说:"你就不能忍一忍?"

□ 陈云洞房之夜给新婚妻子上党课

陈云与于若木是在延安相识与相爱的。大约在1937年底或1938年初,陈云流鼻血的旧病复发。中组部决定从陕北公学女生队找一个人去担负护理工作。经党支部研究,认为于若木是党员,历史清楚,政治可靠,是合适的人选,便推荐了她。于若木护理陈云,只是按时往鼻子里灌药水,并没有更多的事做。陈云因医生要求静养,也不能做很多工作,所以两个人便经常在一起聊天。相处久了,彼此间便产生了感情,关系也逐渐密切起来。有一天,陈云对于若木说:"我是个老实人,做事情从来老老实实。你也是个老实人,老实人跟老实人,能够合得来。"1938年3月,他们幸福地结合了。婚后不久,陈云专门用了三个晚上给于若木讲党史。由于陈云对中国共产党的历史非常熟悉并有深刻的理解,因此他娓娓道来,如数家珍。一个喜欢开玩笑的人本来想偷听洞房里面的悄悄话,没想到听到的却是严肃的党史课,非常惊讶。于是,"陈云同志在洞房给于若木上党课",一时被中组部的干部传为佳话。

□ 陈云养生每天只吃 12 粒花生米

陈云体质弱在高层领导中是出了名的,早在延安的时候,陈云就把自己的身体比作"木炭汽车"(不用汽油而用木炭的汽车,很容易抛锚),但他最终能够享年90岁,这离不开妻子于若木的关心和体贴。陈云非常喜欢吃花生米,花生米也叫长寿果,但由于花生米胆固醇较高,身为营养学家的于若木便要求陈云:每天吃花生米不超过12粒。一次因为闹肚子,陈云吃花生米的数量便由12粒减到了6粒,等身体好了之后,才得以恢复12粒的定量。同时,严格的平衡食谱让陈云的每一顿饭都变得定量化,米饭中午二两、晚上一两半,陈云也一直坚持了下来。

□ 养猪要养得像柯庆施那样壮

陈云在1949年后一直主管全国的财经工作。1956年下半年起,他主持制定了"公私并举,私养为主"的养猪方针,并给养猪的农民多留一点自留地。而时任上海市委第一书记的柯庆施却认为这是搞修正主义,反对"私养猪"的方针。1961年初,陈云来到上海,副市长宋季文汇报上海养猪的情况。当宋季文谈到长兴岛有个叫冯二郎的人养了70多头猪，赚钱很多，而郊区"大跃进"搞起来的国营养猪场全部亏本时，柯庆施说："你懂什么，我就是要公养为主，不能私养为主。"陈云说："公养猪养得是多，但是养得那么瘦。没肉吃！""养猪就不能像我这么瘦，要养得像柯庆施那样壮……"宋季文当场为之一惊。

□ 胡耀邦开会被警卫赶到观众席

1939年5月，胡耀邦被任命为军委总政治部组织部副部长。那时他还不满25岁，由于太过年轻，有时会闹出笑话。有一次胡耀邦接到请柬参加一个晚会，刚在首长席坐下，就有一名警卫战士走过来，对他说："走走走，到后面去，这是你坐的地方吗？"胡耀邦拿出请柬，警卫战士更吃惊了："怎么？你把首长的请柬都偷来了？"然后不容分说地把他赶到观众席去了。其他领导人入场时看见他，奇怪地问："你怎么坐在这儿了？"他把情况一说，大伙儿都笑了起来，说："人家警卫战士没见过年纪这么轻的首长嘛！"

□ 胡耀邦蹲牛棚

1968年5月,胡耀邦被关入位于团中央南院的"牛棚",隔几天就参加一次苦役性的劳动,他被勒令把手伸进便器去擦洗污垢,还要去清扫单位宿舍的厕所。10月的一天下午,正在写交代材料的胡耀邦,突然被军代表叫走了。晚间,又有人来取走了他的材料、书籍和被褥。在"牛棚"关了5个多月的胡耀邦,再也没回来。原来10月13日将要举行八届十二中全会,当时许多中央委员被打倒了,不能参加会议,临到开会时还缺两名中央委员才能过半数达到法定人数。周恩来为此请示毛主席怎么办,毛主席说:"从最年轻的中央委员中选两个人参加会议。"当时八届中央委员只有胡耀邦和山东省委第一书记谭启龙最年轻,临时决定他俩参加会议,胡耀邦就这样糊里糊涂地被释放了。由于太匆忙,十二中全会他迟到了。

□ 彭真康克清力主压低法定婚龄

1950年《婚姻法》规定的法定结婚年龄是男20岁、女18岁,为了配合计划生育政策,1980年修订《婚姻法》时需要提高婚龄,但究竟提高几岁合适引发了争论,成了仅次于离婚条件的热点问题。许多妇联干部和法学专家倾向于改为男25岁、女23岁。《婚姻法》修改领导小组组长时任全国妇联主席的康克清持不同意见,她在会上说:"我们光考虑城市青年不行啊!农村青年怎么办?非要那么大才能结婚,他们等不及了,只好不登记,非法同居。"当时彭真刚刚恢复工作,出任全国人大法制委员会主任,他得悉妇联正在牵头修改《婚姻法》,特地去听取意见。听到提高婚龄时,他说:"全国妇联包括省市妇联机关干部,生活在大城市,又都是知识分子,所以赞成结婚的年龄高一些,这是可以理解的。但是,《婚姻法》是为每一个公民服务的。"当时有些专家说25岁才达到性成熟,所以婚龄应该不低于25岁,彭真专门咨询了妇产科专家林巧稚,然后在会上说:"我问了林巧稚教授,哪里有那个事情!"最后,法定婚龄定为男22岁、女20岁,在世界各国中仍然是最高的。

□ 刘青山腐败一角

1952年,大贪污犯刘青山、张子善被公审枪决,他们两人贪污总计171亿多旧币,相当于今天的171万人民币。按当时的物价水平,可以买到小米5000万公斤。有一件事可以反映刘青山的腐化生活:有一年冬天,时任天津地委书记的刘青山想吃韭菜馅饺子,当地没有,便逼着厨师到北京郊区四季青暖房里买韭菜。买到后,刘青山又嫌韭菜不好消化,包的时候,整根韭菜包在饺子里,韭菜白露在外面,等煮熟了再把韭菜抽出来。这样,饺子就只留下了韭菜的鲜味而吃不着韭菜了。

1952年2月10日,河北省高级人民法院在保定举行公审大会,判处刘青山、张子善死刑

□ 江青"照片搭台,政治唱戏"

钓鱼台18号楼是接待外国元首的国宾楼。1972年,周恩来指示有关部门,从各地选来了一些丹青大师的国画,悬挂在楼里。1974年10月间,江青突然要新华社

摄影师杜修贤为她放大其摄影作品。杜修贤等人按影展规格，放大了78张不同尺寸的照片。将照片送给江青时，杜修贤等人才知道，放大的照片是为了取代18号楼的国画。江青看了照片后颇为兴奋，她说："将这些牡丹、月季、海棠……还有这个石榴，换上去。11月5日有两个国家总统要来访问中国，要抓紧时间换上去。"她用挑选的13张花卉照片取代国画，挂在主厅里。但照片只挂了3天，就神秘地不见了。等人们发现时，13张国画又回到了老地方。原以为江青会大发雷霆，警卫找到江青时，却看见江青正在10号楼用自己的照片"招待"政治局的委员们。她笑眯眯地说："这些照片是我为委员们准备的，喜欢什么就拿什么。"不久，江青放火烧毁了其余的摄影作品。原来，毛泽东知道江青这是在搞"照片搭台，政治唱戏"的把戏，及时训斥了她："你有什么权力可以随便换下国宾馆的画，挂上自己的作品？夜郎自大，这样要不得！统统取下来！"

□ 陈伯达冲谷牧发火

1966年11月，国家基本建设委员会主任谷牧根据周恩来的指示，对陈伯达起草的《关于工厂文化大革命的十二条规定》进行了修改，拟出一个"工交十五条"。

其中明确规定：工厂不能停产闹革命，八小时工作制不能侵犯，学生不能到工厂去串联。陈伯达大为恼火，他把谷牧、余秋里叫到他的住处，拿出一本线装书，怒气冲冲地要谷、余二人读司马迁《报任安书》中的一段文字："仆之先人，非有剖符丹书之功，文史星历，近乎卜祝之间。固主上所戏弄，倡优畜之，流俗之所轻也。"意思是写文章的、搞历史的，是类似算命打卦一类的下九流人物，被主子戏弄，被人所轻视。谷、余不明就里，沉默无言。陈伯达大发牢骚："反正我们写文章的，无权无势，小小老百姓，谁也瞧不起。过去邓小平瞧不起，现在你们也瞧不起，你们有本事啊！把我们的稿子改得体无完肤了，有本事你们自己写一个嘛！"谷牧这才明白陈的火气源自哪里，解释说："情况没有这么严重，我们不过是结合工交系统实际，加了那么几条，使文件更完善些。"之后，便沉默以对。

□ 不扛揍的张春桥

1935 年，萧军的《八月的乡村》出版后引起轰动，随后张春桥发表文章《我们要执行自我批评》，批评了萧军。鲁迅看到后，写了《三月的租界》反驳张春桥，被张发现后此文未能发表。鲁迅去世后，萧军带着写有纪念鲁迅文章的杂志在其墓前焚化，张春桥又与同事马吉蜂一起撰文，说萧军烧刊物是一种迷信幼稚的举动。萧军愤怒至极，他找到了张春桥和马吉蜂，要求双方打架解决问题。当天晚上，约架的3个人与见证人聂绀弩、萧红按时到达决斗地点。张春桥先与萧军交手，只一个回合，他就被萧军打趴下了。

□ "炮打"张春桥

1968年4月12日清晨，人们看到复旦大学围墙上出现了醒目的大字报：《揪出大叛徒张春桥》，整个上海为之轰动。张春桥见报后，显得很特别，那天他特意叫理发师给他理发、刮脸，把徐景贤等人叫到办公室，说："我从来没有被捕过，怎么会是叛徒啊？我过去太宽大了，今后要是听到谁再讲这种话，我就不客气了。"为了平息这次"炮打"风波，堵住"风源"，张春桥在5月31日紧急下令查封了上海图书馆徐家汇藏书楼，规定任何人不得进入书库。王洪文、马天水等市革委领导成员，一起到复旦大学大饭厅，还把同济大学、市六中等"炮打"坚决的头头叫去，召开大学各年级红卫兵代表大会，把复旦大学炮打的声势全部压了下去。

□ 林彪每餐必吃黄豆

林彪的饮食十分简单，主食有麦片粥、玉米粥、馒头等。吃馒头时，林彪总是先把馒头皮剥去，然后切成几片，用开水泡着吃。副食最常吃的是用开水烫过的大白菜叶，不加油盐。其中一个菜在林彪的饮食中是固定的，那就是黄豆，有时是煮着吃，有时是炒着吃，有时是炸着吃，有时是制成豆腐吃。不但饭桌上顿顿有黄豆，而且平时林彪也爱抓煮熟了的黄豆来吃。来了客人，他首先端出一盘黄豆来招呼客人。偶尔工作人员也会给林彪弄个鱼头汤之类的，但不能再复杂，如果再复杂了，他就会批评说："你们又在搞浪费！"因为怕水，林彪平时不喝水。日常生活中，林彪不吸烟，不喝酒。

□ 林彪的衣服都要标明温度

林彪的饮食十分简单，但对衣服、被褥的要求则很严格。这里说的严格并不在于其质地和面料，而是温度。林彪的衣服温度很复杂，他的每件衣服都设定一个温度，如薄的1度，厚的2度，在衣服上注明，然后根据气温增减。林彪不穿毛衣、棉衣，而是把单衣一层层地套上去。除此之外，林彪的毛巾被、床单等也是有度数的。在睡觉之前，让内勤先将被褥预热，然后入睡。

□ 邓小平曾想为儿子买商品房

1978年10月20日上午，邓小平在北京视察新建的几十栋公寓住宅楼。据随行的国家建委副主任张百发回忆，邓小平先是问"居民住房可否成为商品"，当时现场的同志没有人敢回答，他又自言自答说，"如果房子算商品，我这几年也还有点积蓄，想买套房子给朴方，我的其他孩子不需要照顾，只有这个朴方，是因为我致残的，我需要照顾他。"当时不像现在，房子尚未成为商品，中国大多数父亲也还没有替儿子买房的打算，老百姓也没有听说过"房地产"这个词，他们只晓得自己家住的房子太小、太挤。

□ 邓小平戒烟

1989年，邓小平两次会见苏联领导人，其中有一段小插曲至今令人难忘。2月在上海会见苏联外长谢瓦尔德纳泽时,茶几前像往常一样放着一个痰盂,邓小平仍然抽烟。但3个月后,当他在北京会见戈尔巴乔夫时,痰盂不见了,也未见他再抽烟了。后来邓小平的长女邓林证实,邓小平确已把烟戒掉了,起因很简单,他的儿孙们建议他戒掉,他只说了三个字"试试吧",从此就不抽烟了。

□ 四张照片拼出一张"吊唁照"

毛泽东逝世后第五天,杜修贤拍了一张政治局委员和前来吊唁的外国大使握手的照片。画面中的外国大使是背着身,七八个委员是正面纵队排列。为了能将他们每个人的脸都拍清楚,杜修贤特意跑到侧面拍摄。照片拿到姚文元那里审时,他一连为这张片子提了三个问题:第一,华国锋的头挡住了王洪文的脸侧面;第二,王洪文的表情不好,好像没有精神;第三,远处毛主席的遗像有点模糊。姚文元问杜修贤有没有同样场景的照片,杜修贤明白他想重新剪辑,答应试试看。回去一试,拼接得天衣无缝。因为同一角度拍摄的照片是很容易"偷梁换柱"的。就这样,一张照片竟花费了四张底片重新拼接,最后姚文元终于满意了。

□ "四人帮"隔离审查时,每月伙食费30元

江青、张春桥、姚文元、王洪文等人隔离审查期间,给他们定的伙食费标准是每月30元,约为当时看管干部在机关食堂所需伙食费的两倍。他们每餐包括一荤一素一汤。每星期发给二斤水果,喝两次奶粉冲的牛奶,吃一顿饺子。餐餐还供应大米饭和白馒头,任其挑

1976年10月,人民群众走上街头欢庆粉碎"四人帮"的胜利

选，管饱。江青用餐，总是用瓷勺盛了白米饭，再用筷子夹一箸荤菜，一箸素菜，盖在饭的上面，大口大口地吞食，颇似上海饭馆里吃的盖浇饭。

□ "文化大革命"后首次在正式场合奏响欧洲古典音乐

"文化大革命"期间，江青不许演奏无标题音乐，实际上任何欧洲古典音乐都禁演了。四人帮垮台后这种规定不复存在。1978年1月19日，法国总理巴尔访华，邓小平副总理举行国宴欢迎他的到来。在巴尔和邓小平步入人民大会堂的宴会大厅时，总政文工团铜管乐队奏起了激荡人心的法国歌剧《卡门》序曲，全场宾主十分振奋，热烈鼓掌；一方面为了欢迎法国贵宾，另一方面为了庆祝打破"四人帮"的禁令首次在正式场合演奏欧洲古典音乐。

□ 华盛顿借书不还欠款20万

1789年，华盛顿当选为首任美国总统，当年10月5日，他从美国纽约社团图书馆借走两本书：一本《万国法》，一本《（英国）下院辩论（记录）》第12卷，当时约定还书日为同年 11 月 2 日。但华盛顿一直没有归还这两本书。如果不计货币贬值因素，如今华盛顿还书逾期滞纳金已累计达 20 多万美元。

大陆军总司令乔治·华盛顿在新泽西州首府特伦顿

□ 美国式民主原则

1801 年，托马斯·杰弗逊当选为美国第三任总统。正式宣誓就职后，他来到餐厅，发现餐厅里每个座位都有人坐了。在场的人没有一个站起来给总统让座，后来肯塔基州参议员约翰·布朗的夫人提出要把她的座位让出来，杰弗逊彬彬有礼地谢绝了，默默地接受了民主原则——先来先坐先就餐。于是，杰弗逊没有用餐就回家去了。

□ 美国总统克利夫兰承担风流债

美国前总统克利夫兰年轻时生活不大检点，和一位风流寡妇有来往。后来，这位寡妇生了一个孩子，无法确定孩子的父亲。克利夫兰说："我单身，负担轻，就算是我的吧。"在克利夫兰竞选总统期间，这段往事被他的政敌披露出来，克利夫兰只好原原本本地向公众坦白，但没想到的是选民更喜欢他了。

□ 列宁写信求婚先大骂沙皇

1894年2月，列宁在沙俄首都彼得堡从事革命活动期间，认识了克鲁普斯卡娅。当时，25岁的克鲁普斯卡娅是俄国马克思主义小组成员，还在一所工人夜校里任教。列宁每逢星期日从工人小组上课回来，就到旧涅瓦大街克鲁普斯卡娅简朴的住所去看她。一见面，克鲁普斯卡娅向列宁谈她的夜校工作、她的学生，列宁则向她讲述自己的革命经历、遭遇和理论。不久，同志间的革命情谊，渐渐发展成为纯真的爱情。后来，列宁被流放西伯利亚，有一段时间他什么事也干不下去了，于是就给克鲁普斯卡娅写了一封信，信的内容先是大骂了一顿沙皇的残暴统治，而在信的结尾写道：请你做我的妻子好吗？不久，列宁在期盼中收到了远方的来信，克鲁普斯卡娅在信中也首先大骂了一顿沙皇，最后她写道：有什么办法呢？那就做你的妻子吧。

斯大林、列宁和加里宁在1919年3月俄国共产党（布尔什维克）第八次代表大会上

□ 列宁出狱后岳母惊叹：他竟发胖了

1895年12月7日，列宁因"煽动"工人罢工被沙皇警察逮捕入狱，由此开始了14个月的监狱生活。列宁住的牢房是一个单间，这是一间半明半暗的小草房，

房间中只有三样东西：铁床、桌子和方凳。尽管屋内陈设非常简陋，但对于一个致力于推翻政府的犯人来说，获得这样的条件并不容易。列宁在狱中的伙食也不错，有面包还有肉，他还可以按自己口味付钱去购买午饭，有牛奶和矿泉水，家里还可以每周送三次菜。在沙皇末期，即使是条件最为艰苦的阿卡图依苦役监狱，犯人们在不劳动的日子，也能每日发给1公斤面包和130克肉类。劳动的日子发1.2公斤面包和200克肉类。不少囚犯居然将成桶吃不完的菜汤和麦粥倒给看守员喂猪。列宁出狱后，妻子克鲁普斯卡娅当时已经被捕入狱，但她的母亲见到了刚出狱的列宁时竟然惊叹，"他在监狱里发胖了，而且还非常愉快。"

□ 柯立芝不想再当总统

1928年，美国总统柯立芝任期快要结束时，他发表声明说："我不打算再干这个行当了。"记者们觉得话里有话，老是缠住他不放，想知道柯立芝不想再当总统的原委。实在没有办法，柯立芝把一位记者拉到一边对他说："因为总统没有提升的机会。"此后，他便退隐到美国宾夕法尼亚州东部的北安普顿写自传去了。柯立芝时代的特点是：没有危机存在，国家大大繁荣起来，但

1929年爆发的世界经济危机证明，那是一场虚假的繁荣。

□ 希特勒不讲究穿着舒适即可

希特勒对于穿着比较随意，他的衣服不多，而且毫不考究，时尚对他来说没有意义。鞋子不要夹脚，西装不要妨碍活动，这就是他的全部要求。由于习惯在讲话时做大幅度的激烈手势，希特勒上衣的袖子都裁得很宽。他不喜欢到裁缝那里去试衣服。为了避免麻烦，他总是一次让人做三四套西装，按同样的方式剪裁，料子也常常相同。对于领带，他也没有任何讲究。他发现自己喜欢的领带时，便立即买上半打，并且都是同样的花色。在他上台的初期，大家总看见他穿着土黄色的有腰带的风衣，戴着灰色的天鹅绒帽子。后来，希特勒习惯穿一件毫不挺括的加拿大式风衣，颜色是显得很脏的灰色，戴一顶灰色军帽，黑色的帽檐大得夸张，几乎遮住了他的半张脸，宾客们常常感到吃惊。每次他身边的人和亲密的朋友建议他穿得考究点时，希特勒都会面露不悦，不加掩饰地表现出他的不满。对希特勒来说，只有穿起来舒适的衣服才有意义，为此他还厌恶为举行正式仪式而穿的燕尾服。

他不明白，为什么非得穿上这种硬挺刻板的衣服耸肩缩背地接见外国外交官不可。在实用主义面前，就连无尾常礼服也不会受到他的青睐。

□ 希特勒十分憎恶吸烟

希特勒的女秘书克里斯塔·施罗德追随希特勒12年，她在回忆录中写道：希特勒完全像斯巴达人一样生活。他只吃素食，既不喝咖啡，也不饮浓茶或白酒。他深信肉食、酒精和尼古丁有害。他认为尼古丁比酒精更可怕，把它看成毒药，其害处要一些年头后才显现出来。抽烟使人头脑迟钝，体质整体下降。有一天希特勒开玩笑地说："实际上，消灭敌人的一种很好的方式就是送他们烟抽。"若是有人胆敢反对他的这些说法，希特勒就会很生气，那个倒霉蛋从此以后就不再被重视。他多次严肃地对女秘书说："要是有一天我看到爱娃暗中抽烟，我会立即中断我们之间的关系。""我永远不会拥抱有吸烟习惯的女人。"

希特勒曾计划在第二次世界大战后让禁烟合法化，他相信，这将是他为他的人民做的最重要的事情。

□ 斯大林叶利钦喜欢泡澡堂

据斯大林的警卫阿列克谢·雷宾回忆,早在1931年,在苏联领导人居住的孔策沃别墅就建起了一间面积不大却设施完备的浴室。亲密战友基洛夫遇刺身亡后,斯大林便独自一人泡澡。洗完后,他总是要上一杯茶,坐在更衣室里休息。当年斯大林被流放到西伯利亚时便有了这一"嗜好"。澡堂也曾在叶利钦的人生转折时期扮演过重要角色。1989年,他结束访美回国后,正是在

1931年斯大林与高尔基合影

澡堂里作出了退出苏共的重大决策。"在澡堂里作出的那个决定对我具有象征意义",叶利钦在回忆录中写道:"澡堂能洗涤身心。在那里,人的思绪很简单,大家都赤身裸体。正是在那时我改变了对世界的看法。"

□ 斯大林害怕坐飞机

斯大林很怕坐飞机。1943年11月,三巨头在德黑兰首次会晤,斯大林此前从未离开过苏联。罗斯福于是写信给他,企图说服斯大林起行,"如果我们三个人为了那区区几百英里路程就不见面,将来我们的子孙会视此为一出悲剧。"经罗斯福劝说,斯大林终于首肯。他们的飞机经过伊朗厄尔布尔士山脉上空时,遇上气旋,机身摇摆不定。斯大林紧握座位扶手不放,面容恐慌。三位老人事后均投诉,此行差点要了他们半条命。斯大林耳痛达两周;罗斯福不停咳嗽,病情恶化成支气管炎;丘吉尔则患上肺炎。当三巨头计划1945年再作第二次会晤时,斯大林誓死不肯离开苏联。罗斯福、丘吉尔只得迁就他,于是,三人的会晤地点选择在了黑海边的度假胜地——雅尔塔。

□ 斯大林让朱可夫代替自己阅兵

1945年6月,莫斯科卫国战争胜利大阅兵前的一周,斯大林把朱可夫叫到别墅,问他会不会骑马,朱可夫回答会。斯大林告诉他,他得负责大阅兵那天的检阅,朱可夫大为吃惊,坚持让斯大林本人检阅。但斯大林说自己老了,他还向朱可夫推荐:"我建议你骑那匹白马,布琼尼元帅会指给你看的……"第二天,朱可夫去彩排时,斯大林的儿子瓦西里告诉他,斯大林原本打算亲自检阅,他让布琼尼为自己挑了一匹马。6月16日,斯大林来到练马厅,骑上一匹浑身雪白的战马,斯大林的左手残疾,他本人解释说是6岁时碰伤后肘部长期溃疡所致。他那天正是用这只不太好使的左手攥住缰绳,用马刺踢马,让马跑起来,可突然间,斯大林从马上摔了下来。尽管大厅里铺了厚厚一层锯末,斯大林还是摔得不轻,所幸问题不大,有惊无险。这场意外让斯大林原先的阅兵计划落空了,于是他决定让朱可夫负责阅兵。于是,6月24日,朱可夫威风凛凛地骑着白马从斯巴基大门出来,参加这场伟大的胜利大阅兵。

□ 斯大林笔误无人敢改

斯大林读了高尔基的《少女与死神》一书后，在最后一页留下了曾轰动一时的批示：这本书写得比歌德的《浮士德》还要强有力，爱情战胜死亡。约（瑟夫）·斯大林。按苏联当时的规定，凡斯大林写的东西，除应保密者外，都要及时公之于世，让党政军民认真学习，以便提高觉悟。这样一个具有时代意义的批示自然也不能例外。然而，斯大林批语中的"爱情"一词末尾却少了一个字母。为此，有关人员手足无措，谁也不敢改动领袖的东西，谁也不敢去询问斯大林本人。当时有两位教授为此专门在《真理报》撰文展开论证："世界上存在着腐朽没落的资产阶级爱情以及健康新生的无产阶级爱情，两个爱情截然不同，拼写岂能一样？"文章清样出来后，编辑为防万一，决定还是让斯大林过目一下。斯大林读后，立马又作了一个批示："笨蛋，此系笔误！约·斯大林。"

□ 丘吉尔的"如果"

温斯顿·丘吉尔在担任英国首相期间，一次，他的政治对手阿斯特夫人对他说:"如果我是您夫人,我一定会在您的咖啡里放进毒药。"丘吉尔听了,笑着说:"如果我是您丈夫,我一定会把这杯咖啡喝下去。"

□ 卡斯特罗向罗斯福索要 10 美元

1940年,14岁的卡斯特罗用英语写了封信寄往白宫:"我的好朋友罗斯福,我的英语不太顺溜,只能将就着给您写信。我经常听收音机,听说您新当选美国总统,我为此感到非常高兴……我喜欢收藏一些有价值的物品,比如美钞。你能不能给我一张 10 美元的钞票?至今我还没见过绿色的 10 元美钞呢!你一定会满足我的愿望。难道不是吗?"作为交换条件,卡斯特罗接着建议说:"如果你需要铁造船,我将指给你地球上哪里有铁矿。"信末的签名是龙飞凤舞的"菲德尔·卡斯特罗"。时隔不久,卡斯特罗居然收到一封来自白宫的回信,这封信被贴在学校的宣传栏长达一周,卡斯特罗为此颇感自豪。当然,他并没有如愿收到自己索要的 10 美元钞票。多年以后,还有人不忘拿这事跟卡斯特罗开玩笑:"如果当年美国总统寄了 10 美元,可能就不会有你这个让美国头疼的对手了。"

1959年1月8日，卡斯特罗（右）率领起义军推翻巴蒂斯塔独裁政权后进入首都哈瓦那

□ 铁托客串足球裁判

前南斯拉夫总统铁托非常喜欢足球，南斯拉夫战争年代，波斯尼亚东部城镇福查举行足球循环赛时，铁托只要有空便去观看。在最高司令部同福查青年队的比赛

中，由于裁判偏袒最高司令部，双方不时发生争论。在裁判判罚青年队一个点球后，青年队队员火了，他们找到正在看球的铁托，要求裁判公正执法。于是，铁托批评了裁判，要求他公正公平，比赛继续进行。没多久，青年队队员又因被误判同裁判发生了争执，大家再次闹到铁托那里。这时铁托也有些生气了，他站起来，连说："好，好，好，不要再吵了，我来当裁判。"边说边从裁判身上夺过哨子，奔进了球场。南斯拉夫获得解放后，铁托不怎么去赛场看球了，仅仅是通过报纸、电视过把瘾。有一次有人问他："您喜欢'游击队'吗？"铁托想了想，说："不，我不能再当啦啦队了，我要为我们所有的球队助威。我喜欢'游击队'，也喜欢'红星队'，只有在他们踢得粗野时，我才不喜欢。"

□ 杜鲁门让路

1948年美国大选，杜鲁门总统从白宫赶往其家乡投票，有一批记者追到总统家中，竟没有见到总统。后来碰到总统时，一位记者就问他一路发生了什么事，杜鲁门总统回答：有一辆警车要我们停下来，看样子彷佛今天有一位要人要经过这小城。

□ 英国女王曾计划在皇家游艇上躲避核攻击

冷战期间，为躲避苏联的核攻击，英国曾秘密制定了名为"蟒蛇系统"的计划：战时，英国女王将和爱丁堡公爵、首相及战时内阁躲避到掩体内，并且女王与首相及阁员不能在一起，以防被敌方一网打尽。

权衡再三，英国政府最终决定女王的掩体必须是"流动的"，于是，皇家游艇大不列颠号承担了掩体的责任。战时，女王将潜藏在苏格兰西北部海湾，每天夜里都换个地方，山峰可以干扰敌人的雷达探测。内政大臣将和女王在一起，这样一旦政府遭遇毁灭性打击，内政大臣可以和爱丁堡公爵以及女王本人开会决定成立新一任政府。这是英国政府制定的应急计划，故事很传奇，但却是非常严峻的事实。"9·11"事件发生后，"蟒蛇系统"又重新建立起来，政府还指定了随时可顶替上任的"复仇政府"。

□ 勃列日涅夫一生获得114枚勋章

勃列日涅夫有很强的勋章情结，有"勋章大王"之称，一生获得勋章114枚。他周围的人投其所好，不断给他授奖。在勃列日涅夫60岁生日时，时任苏共政治局委员、书记处书记的苏斯洛夫提议授予其"苏联英雄"称号和"金星奖章"，他说："一个星期后是列昂尼德·伊里奇的60岁生日。我建议授予他'苏联英雄'称号。总书记会高兴的。"于是苏共中央立即通过了相应的决议，交苏联最高苏维埃主席团执行。在这之后，又违反最多只能授予三次该称号的规定，在已授予一次的情况下，又于1976年、1978年和1981年先后三次这样做，使勃列日涅夫这个没有建立多大战功的政工人员与朱可夫元帅一起成为获得"苏联英雄"称号次数最多的人。此外，他还获得苏联最高国家勋章"列宁勋章"三次，苏联军队最高勋章"胜利勋章"一次，同时也是第二次世界大战后唯一获得此勋章的人。

□ 司徒雷登晚景凄凉

司徒雷登虽然是美国人，但其一生的大部分时间是在中国度过的。1949年，当他黯然离开中国回到美国时，孑然一身，没什么钱，没有房产，没有社会保险，什么都没有，并且年老体衰。他的儿子在密西西比州的一个小城市做牧师，收入微薄，无力赡养他。最后还是一个慈善基金会为他提供了每月600多美元的退休金。1953年,司徒雷登以前的秘书傅泾波在友人的帮助下买下了一栋住宅,便将老弱多病的司徒雷登接来一起居住,这一住就是10年。傅家的经济情况也不好,请不起人来照顾病痛缠身的司徒雷登,傅泾波便自己照顾司徒雷登,当他也年老体衰、气力不济的时候,便让儿子傅履仁帮忙。1962年9月,86岁高龄的司徒雷登在华盛顿一家教会医院悄然去世。

□ 尼克松力促宋家三姐妹相聚未果

1949年之后,宋家三姐妹天各一方,几十年不得相见。大姐宋霭龄在美定居,二姐宋庆龄留在大陆,小妹宋美龄随蒋介石败退台湾。1971年4月26日,原国民政府财政部长宋子文在美国突然病逝,当时正值中美"乒乓外交"打得火热之时。尼克松总统抓住这个机会,打算促成宋家三姐妹到美国奔丧,届时他也将参加葬礼,作为给中方的一记漂亮的"回球"。尼克松派人运作后,北京立刻传来好消息:宋庆龄副主席决定赴美参加胞弟葬礼,由于中美尚未建交,没有直达航班,现正通过英国航空公司联系专机,将取道伦敦飞往美国。不久,台湾方面也反馈:蒋夫人宋美龄已乘专机由台湾启程,下榻檀香山,稍事休息第二天即直飞美国本土。宋霭龄也准备从美国得州首府休斯敦赶来。眼看宋家三姐妹即将重逢,情势却急转直下。夜宿檀香山的宋美龄接到蒋介石急电:误入中共统战圈套,停止飞赴美国参加葬礼。宋美龄只好打道回府。在举行葬礼的前一天,北京方面也出现变故,以包租不到专机为由,说明宋庆龄无法赴美。最终,在宋子文葬礼上,只有宋霭龄露面。这次相会如能实现,无论对于宋家三姐妹个人,还是对于中美、台海关系,都具有重大历史意义。但20世纪中国最著名的三姐妹,至死也未能重聚,留下终身遗憾。

□ 戈尔巴乔夫后悔当年没听劝

1991年发生的"八一九事件"是80多岁的前苏联领导人戈尔巴乔夫心中永远的痛,他曾在接受采访时表示,后悔当初未接受老布什的警告,"因为我确信,在苏联处于内忧外患、不改革就面临经济崩盘的局面下,只有白痴才会想到发动政变。"但"不幸的是,他们真就是白痴"。参与政变的包括副总统、国防部长和内政部长。当时戈尔巴乔夫正在黑海海滨度假,政变者趁机攫取了权力。"在那时候去度假是个错误"。

政变仅持续了三天就瓦解了，但时任俄罗斯联邦加盟共和国总统的叶利钦抓住历史契机，在几个月后让苏联解体。政变后丧失权威的戈尔巴乔夫，已无力阻止野心勃勃的叶利钦。戈尔巴乔夫说，老布什后来转变立场支持叶利钦时，他感到措手不及。他一直认为，"美国和联邦德国会支持苏联的改革和领土完整"。

1991年"八一九事件"中，俄罗斯联邦加盟共和国总统叶利钦站在坦克上向群众发表演讲

□ 叶利钦嗜酒如命

在喝酒方面，叶利钦是位"大家"。他早年曾是建筑工程师，在工地上接受了酒精的锻炼。当上州党委建

筑处处长后，他对酒更是情有独钟。在担任苏共斯维尔德洛夫斯克州委第一书记时，一名下级在列车上因为没有跟他喝一样多的酒，竟在一个荒凉的小车站上被赶了下去。据叶利钦身边工作人员介绍，他能毫不费劲地喝1升白酒，然后十分清醒地向手下发布指示。他喝酒时有一个独特的嗜好：开怀畅饮白兰地，然后到冷水中游泳，接着再喝酒。叶利钦说，喝酒不只是乐趣，而且有时还有助于减轻压力。1993年10月，当反对派领导人号召人们攻打克里姆林宫时，叶利钦却稳坐克里姆林宫，一杯接一杯地喝酒。叶利钦喝酒也不是没有出过丑。1994年，在柏林举行的俄军撤离德国的庆典上，叶利钦就一时兴起，在世界各大媒体前指挥起了军乐队。从他乱挥一气的动作上，人们都知道他喝醉了。

□ "伐木工"普京曾获4级"木匠证书"

普京不但是一位会开战斗机的柔道高手，他的木匠技术同样不凡。大学期间，普京参加了大学建筑队，并在俄罗斯科米共和国人迹罕至的森林地区开设林道、修理房屋。一个半月的实践后，他除了拿到约900卢布的高薪（当时俄罗斯月平均工资只有200卢布），甚至获得了4级"木匠证书"。工资高的原因是"因为工作条件很艰苦,蚊子非常多,在篝火旁都没办法久坐,娱乐的时间非常少。"普京拿到工资后,和朋友一起去黑海海滨城市加格拉游玩,在那儿花掉了一半的钱,还买了一件外套,并且一穿就是10年。

1999年12月31日,俄罗斯总统叶利钦在克里姆林宫将总统权力的象征——俄罗斯联邦宪法移交给继任者普京

□ 小布什挑剔伯南克的袜子

美联储主席伯南克曾担任小布什政府经济顾问委员会主席。一次,他在白宫椭圆形办公室向布什总统汇报经济形势。布什注意到伯南克一身黑西服却穿着一双淡褐色的袜子,忍不住说:"你在哪儿买的这些袜子?它们和你的衣服很不协调。"伯南克本着学者的诚实与不

卑不亢，直接顶回去："我是在 GAP 买的，7 块钱 3 双。"在整个 45 分钟的汇报期间，布什几次提到他的袜子。后来，以伯南克为首的整个经济团队都穿起了褐色袜子，甚至动员副总统切尼也穿上。于是，当这个经济团队在椭圆形办公室又一次出现的时候，布什发现这帮家伙穿的都是褐色袜子，这显然是在向自己挑衅。布什冷冷地说，"啊，你们真是太有意思啦！"然后转向切尼："副总统先生，你怎么看这帮穿着褐色袜子的家伙?"切尼略抬了抬脚，露出了自己的袜子——褐色袜子。

□ 潘基文给沙祖康的老师送礼祝寿

联合国副秘书长沙祖康与秘书长潘基文交情颇深。沙祖康 1970 年毕业于南京大学外文系，在南大求学期间，英语系党总支书记蒋克对他的成长给予了很多帮助，为此，沙祖康亲切地称蒋克为"老妈妈"。2009 年 12 月，蒋克 90 岁生日之际，沙祖康专程从纽约回国为"老妈妈"祝寿，临行前向潘基文请假。当潘基文听说沙祖康的老师已 90 高龄时，十分动情地说："我的母亲也 90 岁了，你这次回去一定要帮我带一份礼物送给你的'老妈妈'。"沙祖康回国后专程赶到南京，在蒋克的家宴上，他将潘基文的礼物郑重地交给了"老妈妈"：礼盒上面是潘基文的一张名片，礼盒打开后，里面有一套做工极为精致的白底雕花韩国瓷器，一大一小两只碗和一只碗盖，碗底刻有潘基文的亲笔签名。蒋克在90大寿时收到这样的礼物非常高兴，再三表示"谢谢潘先生！"2010年10月，潘基文在南大被授予名誉博士学位。授予学位典礼结束后，91岁的蒋克向其回赠礼品——一幅绘有牡丹与和平鸽的南京云锦以及一把紫砂壶，以示对潘基文的谢意，也表达了一位中国老人对世界和平的祝愿。

散落的历史

● 武略

□ 成吉思汗侍卫裸身入敌营抢马奶酒

成吉思汗在阔亦田之战中击败札木合的军队后,他的军队却在追击溃部的战斗中被打散了。成吉思汗颈部受箭伤,血流不止,昏迷到半夜才醒过来,口渴难忍。陪伴在他身边的勇士者勒蔑一直在吸吮成吉思汗的淤血,然后他只身闯入敌营,去为成吉思汗寻找蒙古人爱喝的马奶酒。者勒蔑脱去帽子、衣服和靴子,赤身潜入敌人营垒。他这样做是让敌人以为是自己人在起床解手,对蒙古人而言,当众裸体是非常有失身份的。者勒蔑没找到马奶酒,可还是从敌营中带回来一桶奶酪,重伤的成吉思汗获得了稍许恢复。

□ 史上规模最大的"强拆"运动

康熙元年(1662年),盘踞台湾的荷兰总督揆一签署投降书,郑成功全面收复台湾,"聚岛欢庆"。消息传来,清廷气急败坏,颁布第二次"迁界令",勒令从广东沿海24州县所有居民内迁50里,除澳门外的附近海岛洲港,皆封港毁船,禁止居住。圣旨还谕令将界外地区房屋全部拆毁,田地不准耕种,渔民不准出海捕鱼,出界者立斩不赦。紧接着又下令东起饶平大城千户所上里尾，西迄钦州防城沿边筑墩台、树桩栅，派重兵防守。而迁界时限仅有3天，必须"尽夷其地，空其人"，不愿迁走的居民无分男女老幼一律杀头。而仓皇迁走的人也生计无着，一家家露宿野地，不得不卖妻卖子。实在没有办法的，只好合家饮毒，或上吊投河。南粤大地顷刻亡者载道，哀鸿遍野，一片凄风苦雨。据粗略估算，仅粤东地区死亡人数便达数10万。屈大均在《广东新语》中沉痛地写道："自有粤东以来，生灵之祸，莫惨于此。"

□ 左宗棠拜见林则徐时掉到河里

左宗棠还是个平头百姓的时候，林则徐就听说了他的大名。1849年，林则徐卸任云贵总督返回老家福建途中，经过湖南，指名道姓要见左宗棠。左宗棠也早慕林则徐大名，急于相见，不料慌忙之间跌落水中。左宗棠爬上林则徐的船后，要行拜谒之礼，林忙阻拦道："落汤鸡了，还作什么礼节，快去更衣。"两人相谈甚欢，通宵达旦。林则徐还预见俄国将成为中国的边疆大患，谈及他对新疆地理的观察，俄国在边境的政治军事动态和自己的战守计划，并将在发配伊犁期间收集整理的材料、战守计划以及沙俄在中国边疆的政治、军事动态，悉数托付左宗棠。

□ 翰林李鸿章办团练

李鸿章在翰林院当编修的时候，经常给安徽老乡、工部侍郎吕贤基当枪手，写奏章，闲来无事便泡在琉璃厂里淘淘货。有一天他在海王村书店碰上一位老乡，老乡说："家乡都被太平军攻占了，你还有这闲情逸致。"李鸿章翻然醒悟，跑到吕贤基家，要求吕贤基上书求皇帝救安徽，吕贤基说你去写吧，到时候署我的名。李鸿章回家查资料、观形势，折腾了一晚上搞出一个长篇大论来。两人住处相近，李便让下人连夜把奏章送给吕贤基，以便赶上一大早的奏对。然后倒头大睡，到中午才起床，想起这事，便驱车前往吕侍郎府。刚走到大门口，便听见里面哭声一片，像是死了什么人一样，难不成吕贤基他……。刚一进正堂，吕贤基从里面跳出来说："你害死我了，折子写得太好，皇上看了之后龙颜大悦，要我去安徽杀贼，我也要害害你，我向皇上请求让你和我一起去！"就此，翰林李鸿章走上了团练之路。

1896年李鸿章访问德国时与前德国首相俾斯麦会面

□ 日本把次品舰炮卖给中国

1930年，中国的江南造船厂建造了一艘轻型巡洋舰，命名"逸仙"号，军舰建成后，孙中山的孙女主持了"掷瓶礼"下水。但它的140毫米舰炮是从日本进口的，要到日本去安装，后来水兵发现，那舰炮的炮塔上用日文写着"次等品"，并用油漆盖上了一层。这事引起中日之间的外交纠纷。此事不难看出，在那样的年代武器出口方不希望看到我方强大。晚清时北洋海军买"定远"铁甲舰之前，曾经动议要买英国给土耳其建造的两艘舰"柏尔来"号和"奥利恩"号。后来英国以所谓要在"中俄纠纷"中保持中立为由，拒绝出售，李鸿章没办法才转而求购于德国。甲午开战后，清政府咬牙拿出一些银子，想紧急购买军舰回国参战，在大批联系名单中，包括法国的、英国的，甚至还有智利的几艘军舰。但最终一艘也没买回来。

□ 同盟会国旗风波

1907年初，孙中山与黄兴因国旗图案发生争执。孙中山主张沿用兴中会的青天白日旗，黄兴则认为青天白日旗与日本国旗相近，"有日本并华之象"，必须迅速毁弃。孙中山很激动，厉声说："我在南洋，托命在这旗上的有数万人，要毁了它，先杀了我才行。"黄兴也激动起来，发誓要退出同盟会。冷静下来后，黄兴还是勉强接受了孙中山的方案，孙、黄关系没有破裂。但是，此事却在孙中山和宋教仁之间投下阴影。宋教仁本来就认为孙中山"待人做事，近于专制跋扈"，当他得知此事后，更增不满，萌发了"早自为计"的念头，后来一度加入了倒孙的行列。

□ 吴雪梅刺杀蒋自立

1912年,二次革命失败后,革命党人纷纷逃亡日本东京,过起流亡生活。袁世凯仍不放心,派蒋自立到东京去刺杀、收买国民党人。中华革命党湖南支部长覃振认为蒋是一个很大的威胁,召集同乡开会商议对策,许多人主张行刺,当问到谁愿意去时,却无人答话。在座诸人中,有人指着林修梅说:他是军人,应该可以去。林修梅推说无手枪,荆嗣佑说他家正有一个朋友寄来的一支手枪,可以借给林用。林又说还需要一个人同去,替他把风。然而无人答应,忽然窗外有人哈哈大笑,惊动了屋里众人。原来是新到的湖南桃源县留学生吴雪梅,其人年龄不过十八九岁。大家问他为何发笑,他豪气地说:"我是笑你们这些饭桶,连一个姓蒋的都无人敢去杀,还想打倒袁世凯吗!"覃振感到此人不简单,忙问他:"看来你倒是一条好汉,敢去行刺么?"吴答说:"怎么不敢,只可惜我不是你们的党员。"众人欢呼道:"我们今天就欢迎你入党。"马上请他填了入党誓约并置酒欢迎。晚餐过后,吴雪梅毅然前去把蒋自立刺杀了。

□ 蒋百里保定军校自杀风波

1912年，在前清陆军大臣荫昌的举荐下，刚从德国留学归来的蒋百里被袁世凯授予少将军衔，又任命他为全国最高军事学府——保定陆军军官学校校长。到任后，蒋百里大力除旧布新，使学校风气为之一新。当时的许多学员，如唐生智、陈铭枢、孙震、万耀煌等人，终生以做蒋百里弟子为荣。但这些改革措施触犯了以段祺瑞为首的旧派军人的利益，他们设置种种障碍，千方百计阻止蒋百里计划的实施。无奈之下，蒋百里将全校师生召集起来，用低沉的语气对他们说："我初到本校时，曾经教导你们，我要你们做的事，你们必须办到。你们希望我做的事，我也必须办到。你们办不到，我要责罚你们。我办不到，我也要责罚我自己。现在看来，你们一切都还好，没有对不起我的事。我自己却不能尽校长的职责，是我对不起你们……你们不要动，要鼓起勇气来担当中国未来的大任！"说完，从腰间拔出手枪。旁边的人眼见情况不好，冲上去奋力夺枪，枪口一歪，子弹由肋骨间射入。听到枪响，全场的人都惊呆了：校长自杀了。最终子弹没有伤到心脏，经过几个月的调养，蒋百里才逐渐恢复了过来。

□ 黎元洪北京遭软禁

1913年底,黎元洪赴北京就任副总统,北京方面的接待是高规格的。黎抵达北京时,袁世凯以自己乘坐的金漆朱轮双马车来接他——前一年夏天这车拉过孙中山。黎元洪被迎进中南海,袁世凯已替他安排下住处——瀛台,这个当年囚禁光绪皇帝的孤岛,说是为了确保安全。黎的房里挂着一幅楷书,题款"臣全忠敬书",正是光绪幽禁时书写——他不敢以皇帝自居,只

1923年6月13日,时任北洋政府总统的黎元洪签署完最后的几道命令后,携家眷前往天津,从此远离政坛

好假托"全忠"之名。当时府里禁卫极严，进出瀛台的人有限，黎当然对这样的"优待"不免有些情绪。"我做了光绪的替身"，黎元洪常常向故交这样哀叹。后来，黎夫人吴敬君患病，黎向袁提出：瀛台太冷，不宜养病，须另找住处。袁起先只是敷衍，直到两家订亲，黎家二小姐嫁给袁家二公子，袁世凯才让儿子袁克定花10万元买下东厂胡同的一所房子，送给黎元洪。黎一直记着这笔账，后来袁世凯病逝，他送了10万元的奠仪，算是把房钱还了。

□ 黎元洪下野后的平静生活

1917年，黎元洪被张勋赶下台后，去天津做了寓公。每天8点吃早饭，餐后浏览报纸，看到政局的恶化，就写毛笔字来排遣烦闷。午饭后睡个午觉，晚饭后和家人在客厅聊天，多谈些家长里短，他经常在这时听听留声机。9点回卧室就寝，生活十分规律。感到精神不振时，他便在清晨骑马出游。黎家的花园里自建了一个网球场，他常在下午打上一小时网球，到了冬天便把网球场浇上水，等水冻住了，网球场就成了天然的溜冰场。黎元洪还爱好京剧，每逢春节，黎家总是邀请京剧名角和杂耍艺人到府中演出。

□ 冯国璋中南海卖"总统鱼"

1917年7月,冯国璋当上代总统,住进了中南海。上任不久,他下令将中南海里的鱼捉了卖掉。中南海原是皇家禁苑,明清两代的帝王后妃经常在此放生,许多鱼的鳍上拴有作为放生标志的金牌,几百年来一直没捕捞过。袁世凯住在这里时,也常在鱼身上挂上一个刻有

北洋军阀直系首领曾任北洋政府副总统、代理总统的冯国璋

"洪宪"字样的银牌，在中南海里放生。极具经营头脑的冯国璋看到这个商机，开价10万出卖捕捞权，结果以8万成交，这钱自然装进了冯国璋的口袋。冯国璋此举闹得沸沸扬扬，许多饭店的菜单中新增了一道"总统鱼"，以和传统的"东坡肉"相对仗。冯国璋去世后，有人还记着这个茬，专门写了一副挽联："南海鱼何在，北洋狗已无。"（王士珍、段祺瑞和冯国璋当年分别被称为"北洋三杰"中的龙、虎、狗。）

□ 民国第一拆迁案

1916年，靠开黄包车公司起家的"江北大亨"顾竹轩在上海九江路开办了"天蟾舞台"，这块地是顾竹轩花几千银元从英国工部局手中买下的。刚刚装修好，紧挨"天蟾舞台"的永安公司为扩展地盘，与工部局勾结，勒令"天蟾舞台"拆迁，补偿费只有几百元。顾竹轩决定打官司，他得到杜月笙的帮助，用重金聘请了两位外籍律师，官司打到北京的英国总领馆，最后一直打到伦敦的英联邦最高法院。几个月后，杜月笙告诉顾竹轩，官司赢了，英联邦最高法院裁定上海的英国工部局败诉，并赔偿"天蟾舞台"拆迁损失费10万银元，这就是英国的法治！顾竹轩名利双收，用这10万银元又在福州路重新盖了"天蟾舞台",许多畏惧租界的人对他刮目相看,称他真有"牛皮","顾四牛皮"这个绰号就这样被叫开了。

□ 一生清廉的段祺瑞

段祺瑞生活俭朴,从不吃滋补品,但烟瘾很大,下棋或办公时,纸烟决不离口。在北方时,长期吸红司令牌烟,当时每听(50支)8角。到上海后知道这牌子涨到1元以上,遂改吸国产白金龙牌,当时每听4角多。他常告诫晚辈不许奢侈浪费。亲戚眷属偶尔穿时髦或艳丽衣服,都不敢去见他。民国军政界要人谁没有自己的宅邸?恰恰段祺瑞就没有。当年在北京住的府学胡同那套房子是袁世凯和别人打麻将赢的,输家把价值30万大洋的房子抵押给袁,他转手就送给段祺瑞。段不肯受此大礼,袁说,这是我送给干女儿(段祺瑞二姨太张蘅)的嫁妆。此房并没有房契,袁世凯死后房主拿着房契找段祺瑞要房,身为总理的他只好搬家。还是他的部属、学生凑钱在吉兆胡同盖了所房子,他才搬了过去。段下野去天津后,家里人口多,平时也无积蓄,常要受部下、学生的接济才能过得下去。

□ 张作霖训斥张宗昌不懂规矩

张作霖颇懂驭将之术。同为土匪出身的"狗肉将军"张宗昌落魄时投靠张作霖，凭借战功，一跃成为奉系骁将。一次，张宗昌从黑龙江驻地前往沈阳谒见张作霖，他大大咧咧地往老帅办公室走去，边走边高声喊道："老爷子，效坤（张宗昌字效坤）到了……"不料话音未落，张作霖拍案而起："出去！重进！你是军人吗？妈了个巴子的，当在家里呢！"高出张作霖整一头的张宗昌一时目瞪口呆。好在他反应快，马上原地顿足、立定、向后转，迈步而出，然后在门口回身举手敬礼："报告！张宗昌到！"待里面发话后才规规矩矩进屋。

□ 张作霖"寸土不让"

张作霖一次出席日本人的酒会，一位来自日本的名流力请大帅赏字，他原本是想让识字有限的张作霖当众出丑的。但张作霖抓过笔就写了个虎字，然后题款，在叫好声中，掷笔回席。那个东洋名流瞅着"张作霖手黑"几个字笑出声来。随从连忙凑近大帅耳边提醒，"大帅写的'手墨'的'墨'字，下面少了个'土'成了'黑'了。"哪知张作霖一瞪眼睛骂道:"妈了个巴子的!我还不知道'墨'字怎样写?对付日本人,手不黑行吗?这叫'寸土不让'!"在场的中国人会心而笑,日本人则目瞪口呆。

□ 张作霖保护贪污犯

北京汇丰银行华人账房邓君翔用银行钱款做公债投资,亏空达300万。他托人找张作霖帮自己外逃。张听

奉系军阀首领张作霖

说亏空的是洋款，大笑着对所托之人说："历来是外国人骗中国人的钱，你的朋友能骗外国人的钱而且数目不小，是好小子，有出息，有胆量！你叫他暂时在你家住着，我马上派两个兄弟到你家站岗！"

□ 黄金荣替蒋介石"还债"

1922年，35岁的蒋志清和同乡旧识张静江、戴季陶、陈果夫等人先后投资了上海证券物品交易所的茂新、恒泰、利源等五家经纪人事务所，结果血本无归，生活十分窘迫。面对债主逼债，蒋志清向当时商界要人虞洽卿求助，而虞则介绍蒋拜在黄金荣门下，以求免债消灾。此时的黄金荣并未把蒋志清放在眼里，他只是想送虞一个顺水人情。于是，他赠给蒋200大洋作为南下广州的旅资，并设宴遍邀蒋当时的债主，指着蒋说："现在志清是我的徒弟了，志清的债，大家可以来找我要。"当然，哪会有人敢向青帮头子要债呢。五年之后，国民革命军北伐抵沪，当时的蒋志清已经改名为蒋介石，摇身一变成为炙手可热的北伐军总司令了。

□ 杜月笙最风光之时

1931年6月,杜月笙在浦东新建的杜家祠堂举行落成典礼。典礼共历时3天,筹备工作的总务主任是虞洽卿和黄金荣。典礼开始时,要塞司令部在附近鸣礼炮21响。国民党中央委员、国民政府参军杨虎宣读了国民政

1931年6月张啸林、黄金荣、杜月笙(从左至右)在杜家祠堂合影

府贺电，国民政府主席蒋介石还送来了手写"孝思不匮"的金匾，来回报杜月笙对他事业的襄助。法国、日本总领事也到场祝贺，当时，前来杜家的贺客不可思议地多达8万人，每餐开饭两千桌，几乎整天都在开饭。各方送礼之多，典礼规模之宏伟，排场之阔绰，在上海都是空前的。

□ 顾祝同与刘峙也贪睡赖床

蒋介石任黄埔军校校长时，刘峙任军校战术教官兼参谋科长，顾祝同任军校战术教官兼管理部主任。蒋介石上任后一反往常积习，对自己要求甚严：喝白开水，发型和士兵相同；除了开会以外，不穿皮鞋；吃饭都在大食堂；而且早起巡视。蒋校长的早起最让顾祝同、刘峙他们伤脑筋，因为他们贪睡，经常为此挨骂。直到后来抗战时期，蒋介石要打电话给第三战区时，都会交代侍从室晚一点，因为怕顾祝同没有起床。

□ 孙传芳机要地图为日军侵华提供方便

1926年秋末，北伐军兵临九江和南昌，给孙传芳以致命打击。孙传芳为挽救残局，聘日本军官为"军事顾问",冈村宁次便是其中一个。那料到这位"师爷"却是一个地地道道的军国主义分子,立志"研究中国",一生与中国人民为敌。他在青壮年时,就曾18次潜入中国内地搞所谓"旅行调查",偷偷搜集我国军事要地的资料,为日军侵华作准备。此次他作为孙传芳的"应聘武官"是有"特殊使命"的。一为日本在中国培植亲日派,二为暗中搜集中国的军事情报,最主要的是他得知孙传芳军中有一套1:50000的中国华中地区机密军事地图。后来日军侵华时之所以能在华中一带横冲直撞,正是这套地图给日本军国主义分子提供了方便。

□ 白崇禧不屑与杜月笙为伍

白崇禧素来自负,敢作敢为,连蒋介石都让他三分。而杜月笙作为上海青帮首领,也是万人畏惧。1927年3月,白崇禧作为北伐东路军前敌总指挥,率军抵达上海东郊的龙华,来到杜的地盘上。杜想投机革命,亲自前往求见白崇禧。白崇禧不屑与黑帮头目为伍,于是拒不理睬。有人说:"杜曾捐大洋四万八千元,对革命有功。"白说:"他捐四万八,革命军可以还他五万,名器不可以滥假,官职岂可随便送人!"

□ 白崇禧不摆架子

1942年,正在桂林读书的钟文典在桂林东镇路白崇禧家中见到了白崇禧,白的平易近人给他留下了深刻的

抗战时期时任国民党军副参谋总长的白崇禧
与好友李宗仁在台儿庄合影

印象。当时他和同学出去玩,路过白崇禧家,里边正在奏着音乐,一问,是白崇禧为母亲祝寿。他们一看没警察把门,几个年轻人就进去了。院子里摆了三张八仙桌,张发奎、何应钦、黄旭初都在那里。白崇禧看到他们进来,拿了一个放着糖饼的盘子过来,对这几个不速之客说:"请吃糖,莫客气。"当时不只钟文典几个,还有几十个路过的人围在那里,却没有谁赶人,没有人说:"哎哟,长官在这里,你们不能来。"

□ 火锅成为冯玉祥的新闻来源

1929年冯玉祥被阎锡山软禁在山西五台县河边村,有一次冯正准备吃晚饭,《大公报》的徐铸成来访,于是邀他一起用餐。菜是四盆荤素,中间一个火锅。徐问冯:"最近前方有什么捷报来没有?"冯用筷子一指火锅,笑着说:"老实告诉你,我现在唯一的新闻来源,就是它。"看徐不解,便以讥笑的口吻说:"每次他们打好了,火锅里就有了肉片肉丸。如果只有白菜粉条,那一定是失利了。我屡试不爽。今天你看,这里面肉片肉丸不少,还有几条海参,看来,一定又打了大胜仗。"说罢,放声大笑。

□ 冯玉祥戏蒋介石

抗战时期，孔祥熙之女孔二小姐仗着其父和姨父蒋介石的关系走私，大发国难财。1939年冬，冯玉祥到重庆綦江县公干，第二天下午，他听说孔二小姐正在綦江城门外打骂拦下她的车队要检查走私物品的士兵，冯玉祥马上赶到现场，上前笑着说："二小姐，我总有权检查吧？"孔二小姐一看是冯玉祥，边赔着笑边溜之大吉。冯玉祥马上电告蒋介石，说他正在川黔公路上追截一走私车队，案犯好像是贵阳的，姓刘。蒋回电要他"严惩不贷"。冯玉祥将走私车队的事全部处理完后，又向蒋介石报告说："走私车队全部截获，只是主犯逃之夭夭，好像是个女的。都怪我疏忽大意，没将其捉拿归案，请求委员长处罚……"蒋介石一听，马上明白是孔二小姐的走私车队被截，但只好说："焕章兄，你干得好，干得好。"

□ 冯玉祥向袜子敬礼

冯玉祥生活俭朴，反对奢侈。有一次，冯玉祥在军营里向他的姬姓副官恭敬地行了一个军礼。姬是他的部下，对此感到非常惶恐。冯将军解释说："我不是向你这个人行礼，是向你的袜子行礼。你这双进口袜子值好几块银元，使我肃然起敬。"姬副官听完冯玉祥一席话，感到非常羞愧。在场的官兵也都深受教育，再也不敢买昂贵的奢侈品了。

□ 阎锡山自制"匪首"印章

1942年6月，阎锡山令侍从秘书室雕刻木质长方形印章一枚，文曰："匪首"。并嘱咐主任秘书，凡由自己签"山手"的信件，都在"山手"上加盖"匪首"字样的图章。这样的信一发出，军政要员震惊不已，纷纷复信要求对此事"彻底追查、严予惩办"。阎见到反映信件，极为高兴，并口述"手谕"，寄发各人。阎"手谕"大意是："你们见我的名字上盖上'匪首'印章，深为不快，并表示义愤，表现了你们爱护领袖的忠贞。但这事乃由于军队、行政有扰民害民行为，致使人骂我为'匪首'。欲除此污，责在大家。望我军政人员，不再侵民扰民，则此污可脱，此耻可雪，此章即可不用。"这颗"匪首"印章，大概于1944年秋，阎进驻隰县、孝义后，便弃置不用了。此章为阎自定特制之物，在其生涯中也是具有讽刺意味的一件笑事。

1947年阎锡山一家在太原合影

□ 胡宗南在台湾郁闷得想自杀

1950年3月，胡宗南黯然来到台湾，暂且安身在花莲。当年曾统帅40万大军的胡宗南，如今身边只剩下了6名随从，他的心情极为低落。到花莲后，他时常出去散心，曾经的下属孔令晟则伴随着他。有一天，胡宗南走过花莲体育馆，来到海边，突然对孔令晟说："我们应该在什么地方自杀？这里真没有意思！"孔令晟回答："要自杀，不如在成都，可以跟我们的部队一起自杀；到了西昌就没什么意思了，部队已经没有几个人了。"

□ 最惊险的阅兵

1964年的台湾"双十节"阅兵堪称最惊险。当时在进行飞机分列式时，一架F104战机因为飞行高度过低，油箱撞上了"中广"的发射台，飞机燃油甚至洒到了坐在阅兵台上的蒋介石身上。后来这架战机很幸运地飞回去了，但是另外两架F104战机看到这架出了问题，慌了手脚，结果两机相撞坠毁。不过在当时，这个消息被封锁，很多人不知道。

□ 张云逸差点成黄花岗第七十三位烈士

1911年4月27日，广州黄花岗起义爆发，最终失败，七十二位烈士献身。19岁的张云逸当时担任炸弹队队长，随黄兴攻打两广总督衙门，因寡不敌众而退守街巷。张云逸等人炸弹已用光，人员死伤甚众，被清军围困于一民宅中，道口被清军封死，搜捕极严。

第二天早晨，张云逸挎起竹篮，假装去买菜，上街寻找突围的路口。再折返回来时，他大吃一惊，民宅被清军闯入，包括喻培伦、方声洞、林觉民、林时爽等人在内，不是被俘就是被枪杀，血染街头。张云逸挎一个竹篮藏在围观的路人中，加上身材矮小，相貌敦厚，清军从他身旁走过，愣是没有发觉。他后来幽默地说："如果那时我不出去'买菜'，就将是黄花岗第七十三位烈士了。"

□ 为躲避搜捕，聂荣臻整整洗了一夜澡

1930年7月，聂荣臻无奈接受李立三"左倾主义"指挥，潜入镇江，侦查地形，准备起义。傍晚时分，一回到旅馆，聂荣臻就警觉有群看似地痞的人在楼道倚靠，自己的房门也敞开着，房间里不时传来翻箱倒柜的声响。于是他镇静地在楼道绕了一圈，匆匆离去。夜色降临，聂荣臻苦于无处容身，忽而想起朋友说过，镇江的澡堂特别多，而且通宵开放，就寻了一家澡堂买票入场。两个钟头之后，澡堂老板过来查问，聂荣臻只得离去到别家。一个晚上挨过来，聂荣臻换了三家澡堂，整整洗了一夜澡。

□ 苏区盐事：有盐同咸，无盐同淡

中央苏区自建立之日起就无时无刻不处在敌人的封锁中，本身不产食盐的中央苏区一直为食盐短缺所困扰。苏维埃政府为了切实解决群众的食盐问题，只能实行食盐定量供应，工作人员每人每月一律供应旧秤4两食盐。毛泽东以身作则，坚持执行最低食盐定量标准。有一次，罗荣桓从前线带回两担优质海盐，打算分配给中央领导，毛泽东拒绝了，最后两担海盐全部送给了中央红色医院。还有一次，周恩来的警卫员瞒着他，在他的菜里多加了一点盐，周恩来知道后大发雷霆，以至于因食淡而晕倒。闽浙赣省财政部部长张其德手握全省食盐分配大权，却自觉地守着盐堆吃淡菜。他的孩子实在受不了，以为他忘了放盐，索性自己去取，张其德急忙厉声喝止："不是我忘了放盐，而是压根就没放。这些白花花的盐巴是革命的本钱，我们决不能以权谋私，动用公家一粒盐！"

□ 黄华在燕京大学做土手榴弹

1933年，日军占领热河。北平的燕京大学抗日救国会曾带全校学生进行过一次军事演习。后来成为全国人大常委会副委员长的黄华，通过东北大学军训教官借来一批武器，用校车把步枪和几十颗马尾手榴弹偷运到燕大校园。演习在天黑之后进行，同学们在西校内挖了壕沟，在学校的水塔顶上用大号手电筒放信号，使用了真刀真枪，投掷了手榴弹，还放鞭炮增加声势。麻烦的是投出去的马尾手榴弹，大多数挂到了未名湖畔的树枝上，还得爬到树上取下来，以便如数送还东北大学。后来，东北大学的负责人张希尧教黄华制作简易的手榴弹。他们用香烟铁皮罐做外壳，里面装上炸药、铁钉和碎玻璃等物，中心空出个小洞，插入一根雷管，是触发式的，一遇猛力就会射出火星，引爆手榴弹。他们到燕大附近的圆明园，选一个荒凉无人的地方作实验，用力将手榴弹掷出去后，手榴弹着地，发出巨大的爆炸声。在他们离开时，看园的老警察赞许说："唔，还真是挺响的啊！"

□ 徐海东一家66口为革命献身

毛泽东曾经说过，我们党为革命牺牲最多的是徐海东同志。在徐海东的老家湖北黄陂有一座10米高的"徐海东亲属烈士墓"，上面刻着徐向前元帅手书的四个大字"光荣流血"。鄂豫皖时期,随着徐海东的名声越来越大,蒋介石就下令杀绝徐家。1930年,一开始是"杀绝徐族",后来是捉到女的就卖,逮到姓徐的就杀,当地人都不敢姓徐。到1934年徐海东率红二十五军离开鄂豫皖开始长征时,徐家已经死了66人,近亲27人,远亲39人。解放后,在徐海东的家乡已经没有跟他同辈的老人了。

□ 朱德在延安分月饼

在延安,朱德总司令生活简朴,每天批阅文电、出席会议和各种活动、找人谈话,有空时到他开垦的小菜园去浇水除虫,用自己每月5元边币的津贴买鸡苗和小猪崽,送给饲养班。晚饭后,他爱在院子里的石头桌旁坐下打扑克。1942年中秋节,司务长送来一个月饼,香甜的月饼!他们在延安已有好多年没尝到过甜的东西了。康克清就说切开吧,警卫员把它切成四块,总司令说,再切一下吧。有了八块月饼,这样,连打扑克的牌友带观战的"军师们"都分到了一小块甜甜的月饼。

□ 四平之战后蒋介石为何不乘胜追击

1946年的四平战役是国共双方在东北战场最为重要的战役之一。林彪吃了败仗，向北撤过了松花江，形势十分危急，林已经做好了退进苏联境内的准备。四平会战国民党方面的主要策划者白崇禧主张趁势追击，纵不能生擒林彪，也必须消灭共军主力。请示蒋介石后，得到的复电是：暂缓追击。得到喘息之机的林彪最终扳回了局面，赢得了整个东北。这也成为白崇禧一生最大的遗憾。

这一暂缓追击令国共双方都觉得不可思议，李宗仁认为："蒋先生不是不想歼灭共军，而是讨厌这一主意出自白崇禧，纵可打一全胜的仗，他也宁可不要。蒋先生就有这样忌贤妒能，宁饶敌人，不饶朋友的性格。此事说出去，一般人是不会相信的，但是追随蒋先生有年头的人一定会拍案叫绝，认为这是一针见血之谈。"

□ "沙场疾风"杨得志清风店大捷

1947年10月11日，晋察冀野战军围攻徐水。17日黄昏，野战军司令员杨得志率部正调整部署，准备"围城打援",得军区急电:驻石家庄的敌第3军军长罗历戎一部正火速北进,妄图与国民党军南下增援的第16军、第94军南北夹击野战军。

得报后不到半小时,杨得志和政委杨成武、参谋长耿飚商量决定,立即进军清风店,这是罗历戎增援的必经之地。当时,罗历戎的第3军离清风店45公里,而杨得志所部主力距清风店最近者75公里,最远者125公里。能否先行抵达清风店,成了制胜关键。杨得志动员部队:胜利就在大腿上,走不动也要走,爬着、滚着也要追,累死也要抢在敌人前面!想小便,走着尿;想喝水,走着喝;想吃饭,抓把炒麦边吞边走。就连困了,战士们也是打着呼噜在路上走。经过一昼夜急行军,野战军跑完了百余公里的路程,把罗历戎的第3军死死围困在清风店。

很快,杨得志指挥野战军主力向围困之敌,发起了总攻,歼国民党军1.7万余人,生俘罗历戎及以下官兵万余人。晋察冀军区司令员聂荣臻在祝捷大会上兴奋地说:"这次歼敌打得很干脆,从军长到马夫没一个逃掉。蒋介石在北平坐镇指挥也救不了他们!"清风店一役对扭转华北战局起了关键作用,杨得志也因此赢得"沙场疾风"的美称。

□ 杨得志响应号召下连队当兵

1958年9月20日，总政治部根据毛泽东的指示，作出了《关于军队各级干部每年下连当兵一个月的规定》。通知刚一下发，时任济南军区司令员的杨得志便脱下了将军服，换上士兵装，来到驻徐州市的某团六连当兵。为了避免特殊照顾，杨得志改名杨绍起，战士们都亲切地喊他"老杨"。六连住的是老营房，全连一百多人同住一个大宿舍，睡双层木板床，杨得志被安排在下铺。下连队的当天，正赶上连队夜间训练。杨得志与战士一起趴在训练场，练夜间射击。杨得志自任教员，认真地为战士纠正动作，作示范演练。排长为了让首长夜间休息好，夜间站岗总是把杨得志排在头班或末班，杨得志坚决不同意，坚持按顺序排班，经常半夜起来站岗。一天午饭，杨得志担任食堂小值日，发现自己饭桌上多了一盘辣椒炒肉丝。他找到司务长，说明领导下连队当兵不能搞特殊，然后把桌上的菜倒在大菜盆里。杨得志当兵一个月，4次冲锋枪实弹射击，弹无虚发，博得满堂彩。国庆节连队举行文艺晚会，杨得志还唱了一段家乡的湖南花鼓戏。

1958年,时任济南军区司令员的杨得志上将响应军委号召,换上士兵装下连队当兵

□ 杨得志上阵父子兵

解放后不久,杨得志回湖南醴陵老家省亲,看到家乡很多青年喜欢当兵,他非常兴奋,一次就带走了50多个青年入伍。杨得志还鼓励自己的孩子当兵。子女6人先后都入了伍,他们的爱人也都是军人,加上杨得志及其夫人,杨家两代共有14位军人。杨得志为此很是得意,因为全家人都在保家卫国。20世纪70年代末,对越自卫反击战中,年近70的杨得志宝刀不老,担任昆明军区司令员亲临前线指挥战斗,他还带着3个女婿

上了战场。那时,老人的小女婿是空军飞行团团长,每天驾机出战。杨得志在地面指挥时,一听到飞机引擎声,就夸一声,"好女婿,有出息!"他还会向其他人解释,"冲在最前面的就是我的小女婿啊!"自豪之情溢于言表。

□ 杨得志学毛泽东吃东西加辣椒面

杨得志几十年戎马生涯,对家乡湖南很是怀旧,就拿吃菜来说,他对湖南的辣味念念不忘。红军长征胜利后不久,红一团到达甘肃哈达铺后一路北上,不久到达通渭城。毛泽东骑着马,带着两个警卫员赶来看望。团政委肖华便问当时担任团长的杨得志:"毛主席来了,搞点什么欢迎他呀?"因为事先没有通知,杨得志也急了,想起进城时在街上看到有卖梨的,于是派人赶紧去买些梨以便招待。毛泽东见到杨得志、肖华等人,一一握手。他一边吸烟一边看着盆里的梨说:"你们有辣椒面吗?"杨得志很奇怪。毛泽东望着杨得志说:"你这个湖南人吃没吃过辣椒面拌梨呀?"杨得志不解地摇摇头。"嗳,好吃得很呀!"毛泽东把辣椒面撒到削去皮的梨上说,"不是说有酸甜苦辣四大味吗?我这一拌,是酸甜辣,没有苦了。"杨得志一听恍然大悟,此后,他学毛泽东，不管吃什么，都要想一想加点辣椒是不是更好吃。

□ 匆忙划出的三八线

1945年8月10日深夜，在获悉日本决定投降以及苏联对日宣战，并大举进军朝鲜半岛的消息后，美国国务院、陆军部、海军部协调委员会在五角大楼紧急集会商讨美军在朝对日受降的问题。会上，助理国务卿邓恩提出美军应尽可能北上受降，而马歇尔将军身边一位年轻参谋人员迪安·里斯克上校则指出，限于兵力与时间等因素，美军很难在苏军之前抵达朝鲜北部纵深地区。这时，陆军部助理部长麦克洛伊便让里斯克和另一位参谋查尔斯·博尼斯蒂尔上校到第三休息室去，要求他们在30分钟之内搞出"一条尽可能向北推进"，但又不致"被苏联拒绝"的界线。两位年轻的上校在休息室里对着朝鲜地图发呆，打量着他们从未关注过的这个遥远的国度。里斯克本打算按照朝鲜的行政区划规划界线，但是休息室的这幅地图并未注明行政区。迫于30分钟的时限，里斯克拿起一支红色铅笔即刻在地图上划出了一条笔直的线——这就是与49年前日俄分割这个狭长的国度时完全一致的北纬三十八度线。

□ 毛泽东与黄炎培为援朝部队定名

中共中央在作出出兵朝鲜的决策后，以什么名义出兵有利就成为一个必须考虑的问题。起初，毛泽东与周恩来，想用"支援军"的名义，决定征求一下民主人士的意见。黄炎培得知后向毛泽东建议说，支援军是派遣出去的，但我们不是跟美国宣战，我们是人民志愿的，这是民间的事，人民志愿帮助朝鲜人民的，不是国与国的对立。黄炎培的意见得到了毛泽东的赞同。

北纬38度线，这是一条政治上的划线，而非地理划线

其实，以志愿军的名义派遣国家正规军支援他国并不乏先例。美国独立战争时期，法国就曾派出政府军以志愿军的名义赴美援助美国对英作战。到了20世纪美国侵朝时，却又遭到同样性质的志愿军痛击，真可谓是一种历史的讽刺。

□ 志愿军抗美援朝纪念日的由来

每年的10月25日是中国人民志愿军抗美援朝纪念日，因而大多数人认为志愿军是在1950年10月25日入朝参战的。而实际上，志愿军第40军118师作为先头部队于10月19日就过江了，并在温井地区与敌遭遇，对敌实行分割包围，打了个漂亮的歼灭战。歼灭北犯的南朝鲜李承晚军一个炮兵中队和一个大队，毙、伤、俘敌共486人，缴获汽车38辆，火炮12门，活捉美国顾问奈勒斯少校。10月25日，志愿军118师与120师在温井地区胜利会师，这是我志愿军第一批入朝部队在抗美援朝战争中打的第一仗，并取得首次胜利。在抗美援朝一周年之际，中央根据中国人民志愿军政治部的建议，决定将志愿军这两个师在温井地区首战告捷和胜利会师的10月25日定为中国人民志愿军抗美援朝纪念日。

□ 李克农带病参加开城谈判

李克农的身体状况一直不佳,在朝鲜期间由于气候和劳累的缘故,经常发病。1951年11月,眼看朝鲜已是初冬,气温骤降。一天晚上,他犯了心脏病,倒在地上。幸好代表团这时已经有了医生,他们凭借经验,没有挪动病人,只往他嘴里放了一片扩张血管的急救药,让他睡了一个多小时,算是缓过来了。过了不久,当月20号,李克农在"小别墅"会议室里召开中朝代表团小型会议时,突然哮喘病复发,讲一阵咳嗽一阵,坐在

李克农上将在天安门城楼上(前排左二)

他旁边的边章五给他泡了一杯热茶，这才使他的咳嗽暂时得到一点缓解。代表团的其他成员对李的病情十分担忧，于是发电报报告了周恩来总理。中央经研究后决定派伍修权接替李克农，但是伍修权来了，他却坚持留在开城，并以"临阵不换将"为理由请求中央批准。因为开城留给他的印象太深了，他舍不得离开。

□ 南日大将为李克农的孙子起名

李克农在朝鲜开城坐阵时，朝鲜人民军南日大将听说李克农有了孙子，特表祝贺。李克农请南日给他的孙子起个名字，南日想了想说："我们首战在开城，就叫'开城'怎么样？"李克农觉得这名字很有意义，当即同意。此事传回北京后，家人十分高兴，也盼望谈判成功，战争早日结束，李克农凯旋而归。于是又把"开"改为"凯"，寄"凯旋归来"之意，取谐音后具有了双层含义。

□ 彭德怀拒绝接受最高勋章

1951年10月23日，朝鲜最高人民会议常任委员会为纪念中国人民志愿军入朝作战一周年，决定将"一级国旗勋章"授予中国人民志愿军总司令彭德怀,因为他以卓越的指挥艺术,给予美国侵略者以歼灭性的打击,给了朝鲜人民军以莫大的帮助。彭总对此表示拒绝:"我有什么功劳值得授勋的,不过是在后方做了些具体工作,这个勋章应该授给那些战争英雄,我哪里比得上他们的功劳大?"后来在中央军委的电令下,彭总才接受。

对于这一荣誉,彭总始终感到不安:"这个勋章授给我不合适,第一应授给高麻子(高岗),第二应授给洪麻子(洪学智),如果没有他们二人在后方昼夜想办法支援志愿军的粮弹物资,志愿军是打不了胜仗的。"

□ 朝鲜坦克手从美军处骗来汽油

美国决定出兵朝鲜半岛后,第一支到达战地的作战部队是第8集团军第1军第24师。由于仓促出兵,部队兵员、装备都严重不足,新兵特别多,训练不足,连怎么分辨敌我坦克都没学过,至于韩国、朝鲜部队的区别,更是一无所知。大田战斗中,有数辆T-34坦克突破防线,冲入大田城中,造成很大威胁,第24师师长亲自带着反坦克小组,满城找朝鲜坦克。不过师长忙得不亦乐乎，他的手下倒满不在乎。上述几辆T-34坦克中的一辆，冲进城后因油料耗尽，不得不停在大街上，小半天时间，美国兵来来往往，却没人理会他，朝鲜坦克手在坦克里待闷了，出来吸烟，还是没人搭理。最后坦克手见后续部队没有跟进来，觉得不能再待下去了，于是拉住一个过路的美军，一通比划下，那位古道热肠的美兵跑去提来10加仑油，T-34烧着美国油扬尘而去。

□ 一车高粱米换回一车美国兵

1952年10月的一个夜晚，中国人民志愿军后勤部暂编汽车18团5连，奉命从阳德运送一批高粱米到前线。行驶在最前面的运输车，不慎驶过了志愿军前沿阵地，误入美军阵地，并在倒车过程中滑进公路边的沟坎里。这时一辆满载美国兵的卡车驶过，美军驾驶员以为掉到沟里的卡车是己方的，于是立即停车，准备帮忙往上拉。我方驾驶员机智地绕过车头，登上美军的卡车，将卡车启动，借着照明弹的余光，冲过美军防线，回到阵地。整个过程，车上的美军一点儿也没有觉察，我军驾驶员机智地用一车高粱米换回了一车美国兵。

1951年朝鲜战场夏季防御作战期间，中国人民志愿军战士冒着敌人施放的毒气，坚守在坑道口向敌人射击

□ 上甘岭狙击之神——张桃芳

一个不曾接受过任何正规战术训练的新兵，成长为志愿军中冷枪射杀最高纪录的狙击英雄，他就是志愿军24军72师214团8连战士张桃芳。1952年9月张桃芳随部队入朝作战，在上甘岭阻击战中担任狙击手，凭借一枝不带任何光学瞄准设备的老式苏制步骑枪，单兵作战32天，击发442次，毙敌214名，而自己却毫发无损。他因此被志愿军总部荣记特等功并授予"二组狙击英雄"荣誉称号，朝鲜最高人民会议常务委员会授予他"一级国旗勋章"。更为神奇的是，从朝鲜战场回国后，

张桃芳成为新中国培养的第一批新式战斗机飞行员,并保持着上千小时的安全飞行记录。

□ 志愿军"主食"炒面的 N 种吃法

志愿军入朝作战不久,敌机疯狂轰炸运输线和医院驻地,供应困难,战士们开始吃土豆、压缩饼干、炒面。其中炒面成了战士们的"主食",吃炒面是有"讲究"的,必须边吃边喝水,否则又噎又呛,根本无法下咽,为此战士们发明了各式各样的炒面吃法。有的人把山上的积雪舀在搪瓷缸子里,加上炒面,搅拌而食;有的一把炒面、一把雪同时吃;有的还把炒面、雪攥合在一起,团成较大的雪球,装在棉衣外边的口袋里,这样既不会融化,也不会冻得过硬,行军走路时,吃起来特别方便,还美其名曰:"什锦饭团"。

□ 一年内战俘两次欢度圣诞节

一贯执行宽容政策的中国人民志愿军,对俘虏们的宗教信仰和风俗习惯是极为尊重和支持的。1951 年 12 月上旬,志愿军某部正准备将一批战俘北送,由于敌机不断袭扰,加上天寒地冻,估计 20 多天后才能到达位于鸭绿江边的碧潼战俘营。这样行军途中的战俘们就可能没办法过圣诞节了。经过紧急研究，领导层决定安排战俘们提前过圣诞节，派人兼程前往丹东采购节日食品和礼物。北上的头一天傍晚，战俘们聚集在一起，尽情欢娱直到深夜。第二天，一位被俘的美军少尉问道："中国人也过圣诞节吗？""不。""你们是教徒吗？""不是。""那为什么你们这样重视圣诞节？""因为你们重视，所以我们重视。"这个美军少尉听后连声道谢。北上途中，也因此没有一个战俘掉队。战俘队伍也终于在圣诞节前一天抵达碧潼，这时高大的圣诞树已耸立在广场中央，战俘们度过了一年中的第二个圣诞节。

□ 叶剑英报警，救了张治中全家

1950年初，张治中以到广州接回国的女儿为名，在周恩来的安排下，率领屈武等人与国民党政要秘密接触，以达到促成两岸和平统一的目的。张治中与国民党代表拟定在广东番禺的一个小岛上见面，他和儿女秘密坐船到小岛上，住在了那里。他们住的是个两层小楼，在夜里快2点钟的时候，叶剑英通知他们说赶快搬家，国民党特务已经知道你们住在这里了，得赶紧离开。张治中等人连夜离开了那个地方。第二天，果然被情报言中，国民党的飞机把他们住的楼炸掉了。叶剑英救了张治中全家。

□ 叶剑英送给熊向晖5瓶茅台

1973年4月，时任驻墨西哥大使的熊向晖陪墨西哥总统访华，一个月后匆匆返回墨西哥。叶剑英本想和他见面叙叙旧，也没来得及安排，只是打了个招呼。熊向晖夫妇离开北京前，叶帅特地派人送给熊向晖5瓶茅台酒，并附了一封亲笔信，信中写道："向晖同志、夫人：闻将远行，特赠茅台5瓶。倘异国思乡，酌旨酒一杯，念曹诗两句：何以解忧？唯有杜康。当助你化离思为斗志也。"

叶帅是熊向晖的忘年交。这5瓶茅台，熊向晖带到墨西哥与使馆的同志分享了两瓶，粉碎"四人帮"后又畅饮了两瓶，还有一瓶最后挥发光了。但是叶帅这封信，熊向晖还一直珍藏着。

□ 叶剑英因女儿当导演而生气

1960年，叶剑英二女儿凌孜（原名叶向真）考取了北京电影学院导演系，叶剑英一个星期都不理她，不和她说一句话，他在生凌孜的气。叶剑英认为女儿学农业、学工业、学科技才是正经的职业，将来才能为国家作贡献。叶剑英对女儿的不理解一直持续到凌孜毕业后，直到1981年，凌孜把依据曹禺原著改编的同名电影《原野》样片拿给他看，他才说了一句，"我现在才知道你在干什么！"

□ "看不见最幸福"

"文化大革命"期间，陈毅等几位元帅在西山聚会，年高体弱、双目失明的刘伯承也来了。他激动地问大家，我的眼睛看不见，现在是什么样子？他边说边走到其他元帅身边，伸出双手，一个一个地从上到下抚摸着老战友。大家握着他的手，热泪盈眶，舍不得放开。陈毅沉痛地说："现在看不见最幸福，看见了更揪心！"

□ 许世友带枪进京

1976年9月9日，时任广州军区司令员的许世友接到中共中央关于毛泽东逝世的通知，同时召他立即进京。进京后，许世友首先与一起进京的广东省委第一书记韦国清拜访了老首长、老战友。老同志们提醒他们，

"你们要注意,'四人帮'通知开会不能去,去了可能把你们都抓起来,要你们的命!"许世友拍了拍腰上别的五星左轮说,"我带了枪,他们要抓我,我就开枪,打死一个够本,打死两个赚一个!追悼会开过了,我就回广州,不待在这危险的地方。"

□ 许世友上将为毛泽东守灵

毛泽东去世后,灵堂设在人民大会堂,由政治局委员轮流守灵。轮到许世友时,灵堂门口的卫兵把他挡住了。卫兵给许世友敬了个礼:"首长,您带枪了?"许世友给卫兵还了个礼:"我怎么不能带枪?"卫兵说:"首长,这里有规定,进去不能带枪。"许世友问:"谁规定的?"卫兵答:"中央规定的。""我是政治局委员,我怎么不知道?"许世友虎着一张黑脸,边说边往里走,卫兵没有一个敢伸手阻拦。

□ 英美之战,猪成唯一伤亡"人员"

1895年,一个美国农民跑到北美东海岸边境一个名叫"圣胡安"的小岛上,宣布这个岛是他的财产,并打死了一头闯进他农场里的猪,后来发现这只猪的主人是英属爱尔兰公民。美国与英国为争夺此岛随即宣战，但却宣而不打，最后签订了停战协议，那只猪成为了这场战争中唯一的伤亡"人员"。

□ 朱可夫叫板斯大林

1941年6月，德军闪击苏联，进展神速，苏军节节败退，难以招架。7月29日，总参谋长朱可夫到斯大林办公室汇报军情。斯大林听部下汇报时不喜欢坐着，总是叼着烟斗在房间里踱来踱去。他也不太愿意笑，浓重的格鲁吉亚口音非常低沉。朱可夫先开口："应从西部联军增援西南方一个集团军。西方联军担负的是白俄罗斯即莫斯科西大门的防御。"斯大林说："你怎么了？难道你认为莫斯科方向的防御应该受到削弱吗？"朱可夫说："不，我认为这个方向的敌人暂时不会向莫斯科方向推进，半个月内我们从远东就可以调来8个师加强莫斯科的防御。"事实上朱可夫的判断是对的，他来和斯大林谈话的主要意思就是要放弃基辅！斯大林终于火了，大声骂道："哪有什么反突击，就这样白白地把基辅交给敌人，亏你想得出！简直是胡说八道！"朱可夫听了之后也豁出去了："如果你认为我这个总参谋长是胡说八道，你还要我干什么呢？我请求你解除我的职务。"在场的人都吓愣了,没有人敢这样冒犯斯大林。果然,朱可夫被解了职,打发到前线去担任预备军司令员。9月,朱可夫组织了叶利尼亚反击战,取得了胜利,巩固了战线,很快被斯大林召回。斯大林最讨厌部下迟到,当风尘仆仆的朱可夫走进斯大林办公室时,斯大林面带微笑说:"你迟到了一个小时零五分钟。"他以这种方式承认了自己先前的错误。

1945年6月5日,朱可夫(右二)与法国元帅塔西尼、美国五星上将艾森豪威尔、英国元帅蒙哥马利(从右至左)在德国柏林留影

□ 马歇尔甘当伯乐

马歇尔在第二次世界大战时期长期担任美国陆军参谋长。罗斯福非常信任他，只要马歇尔提名的军官，罗斯福一般都会批准。马歇尔总随身带一个黑色笔记本，不时把他认为有培养前途的军官记在本上。只要上了他的笔记本，那就可能晋升更高一级的职务。在他的本上，对每个人都有一段评语。他对巴顿的评语是这样的，第一句话，"此人能带领部队赴汤蹈火"；第二句话，"要用一根绳子紧紧地勒住他的脖子"；第三句话，"一有装甲部队就交给他"。他对巴顿的评价入木三分。整个第二次世界大战中几乎所有的美国陆军高级将领都是经马歇尔提拔起来的。

□ 一次深思让艾森豪威尔当上少将

1940年时艾森豪威尔还仅仅是个上校，4年之后他已经成为五星上将了。在所有美国五星上将中，他的晋升是最快的。马歇尔走完五星上将之路用了20年。但正是马歇尔的慧眼识珠，才成就了艾森豪威尔的最快晋升速度。艾森豪威尔担任第3集团军的准将参谋长时，搞了一次演习，马歇尔观摩后，认为这次演习解决了当时美军最大的后勤保障问题，马歇尔把这个军官的名字记在了黑色笔记本里。太平洋战争爆发后，马歇尔把艾森豪威尔调到陆军参谋部负责远东作战。艾森豪威尔向马歇尔报到时，马歇尔用了20分钟时间说明调他的原因，最后问了一句："我们在远东太平洋的行动方针应该是什么？"如果艾森豪威尔的回答脱口而出的话，很可能就不会有我们今天所知道的艾森豪威尔了。因为马歇尔最讨厌对重大事情脱口而出的人，他认为这种不假思索就给出答案的人，投机的成分太大。艾森豪威尔深思了片刻，然后说："将军让我考虑几小时，我想我会回答得更好。"马歇尔当时非常高兴！在艾森豪威尔推开门走出他办公室的时候，马歇尔的笔记本上又多了一句对艾森豪威尔的评语——此人完全能够胜任少将军衔。艾森豪威尔就这样当上了少将。

□ 美国名将乔治·巴顿的择偶标准

美国名将乔治·巴顿的择偶标准很特别：找一个理解死的人。因为他的想法怪异，所以一直没有遇到能谈得来的姑娘，他便出言不逊道："他妈的，连死都不敢谈，还想嫁给将军！"35岁那年，他遇上了意中人班宁

·艾尔。巴顿一如既往表述了自己对战争和死亡的看法,班宁·艾尔没被吓跑,反而饶有兴致地问:"你认为自己怎么个死法才光荣有趣呢?"巴顿津津有味地说:"我想,最美的死法是让战争结束的最后一颗子弹打在我的脑门上。我是多么希望啊,可现在战争还没开始呢!""这么说,你还要活下去了?"班宁·艾尔说完,两人相对大笑,这个女人最后成了巴顿夫人。

巴顿与妻子班宁·艾尔的合影

□ 中情局买毛驴送给阿富汗圣战组织

当年美国支持阿富汗抵抗苏联占领军，各国情报机构为了钱，你争我夺，吵作一团，充满闹剧。阿富汗多山地，游击队运输主要靠毛驴。中情局从埃及购得大批毛驴，空运至巴基斯坦，再转道运往阿富汗，提供给圣战组织。巴基斯坦情报部门很不高兴：美国人为什么舍近求远，买埃及的毛驴却不买巴基斯坦的毛驴？国外来的毛驴巴基斯坦是接受了，但要求毛驴的粪便不能留在巴基斯坦的土地上。结果运送毛驴的飞机飞回去的时候又载走驴粪。中情局不想得罪巴基斯坦，也不愿得罪埃及，最后干脆从美国的田纳西州采购毛驴。1985 年，为

1988 年，准备出征的苏军驻阿富汗特种部队分队

支持阿富汗的反苏武装,中情局用于阿富汗项目的资金占到全局行动项目总经费的50%,一年后该比例又增长到70%。里根总统原先的重点是支持尼加拉瓜游击队,但最后因为经费不够而失败。

散落的历史

● 文景

杜甫低贱求官

杜甫几次参加科举均落第,便不断向权贵投诗,希望得到他们的推荐,却无济于事。天宝十年(751年),已在长安漂泊5年,靠"卖药都市,寄食友朋"艰难度日的杜甫,终于抓住了一次直接向皇帝自荐的机会。这年正月,唐玄宗连续三天举行三大祭祀典礼。杜甫赶紧撰写了《朝献太清宫赋》、《朝享太庙赋》、《有事于南郊赋》,合称"三大礼赋",连同求官信一起进献唐玄宗。杜甫的求官信极尽低三下四之能事,把老祖宗都搬了出来,还介绍了自己的落魄处境,"窃恐转死沟壑,伏惟天子哀怜之。"唐玄宗看了杜甫的信和"三大礼赋"后,觉得他算是个人才,便安排在集贤院等待分配。苦等了4年之后,杜甫才得到河西尉的小官。

米芾的洁癖

北宋书画大家米芾有洁癖,为此他特制了一把银制长柄勺子,每当把玩藏品前,必让仆人舀了水洗手,洗完后两手相互拍干。一次他得了一方宝砚,自认为"此砚非世间物"。朋友周仁熟慕名前来观赏,同样把手洗了好几遍,做出一副恭敬的姿态。米芾高兴地把砚台捧出来,周连声叫好:实在是难得的精品,却不知道发墨如何?米芾便叫仆人取水,但周仁熟性急,吐了一口唾沫研墨。对此,米芾气极而起,二话不说将砚台拱手相让。后来周仁熟回去把这方砚台洗了又洗,给米芾还了回来,米芾仍执意不要。此后,为了防备这样的"灾难"重演,特别对于更加精贵的古书画,米芾专门订了"阅书之法"。每次朋友索阅书画时,他将两张方桌洗净拼起,上面再铺上白纸。他洗手后取出书画,铺展以展示给来客。客人说展开,米芾就小心翼翼地展开,客人说卷起来,米芾便老老实实地卷好。每次客人都显得很尊贵,米芾则往往"俯首帖耳"。因此,每次客人看得快意,米芾却往往累得大汗淋漓。

□ 丘逢甲与清廷决裂

辛亥革命胜利后,正在广东参加革命的丘逢甲便在报纸上刊登广告,向省内有关机构发函,宣布将自己的姓氏由"邱"改为"丘",因为"丘"字加偏旁"阝",是清朝皇帝雍正为避孔子讳而加,现在革命告成,"无庸仍此旧套"。他号召同宗一律恢复"丘姓",与清廷决裂。他又决定将"逢甲"之名弃置不用,以别号"仓海"为名。他兴奋地对身边人说道："内渡十七年，无若今日快心者！"并且出示自己当年为反对清廷割台刺血上书而留下的指瘢道："予固未尝一日忘此痛也！"

□ 李叔同在母亲丧礼上弹钢琴唱悼歌

1880年10月23日，李叔同出生在天津河东粮店后街陆家胡同2号。当时，他的父亲李世珍已68岁，而母亲王氏是李家的第5房姨太太，年仅19岁。1905年4月，王氏在上海染病去世。李叔同扶柩回天津老家出殡，把母亲的丧事办得不同寻常：天津传统上有"外丧不进门"的规矩，但李叔同把母亲的灵柩直接抬进了老宅的大门，摆在大厅正中。他还在天津《大公报》上刊登《哀启》一则，后面附上带简谱的"哀歌"二首。葬礼上，全家穿的是黑色的衣服，而不是传统的白衣披麻戴孝；最让人侧目的是，李叔同在丧礼上边弹钢琴边唱悼歌。在世人的不解中，25岁的李叔同用这种异乎寻常的方式来感怀母亲的命运，也发泄着对娶妾制度的不满。

□ 郭沫若半年考上日本官费留学生

1913年6月，天津陆军军医学校到四川招生，录取了包括郭沫若在内的6名考生。郭沫若那时叫郭开贞，去天津上学是他第一次离开家乡。但到了学校后，需参加一次复试，题目只有一道国文题："拓都与么匿"，郭沫若摸不着头脑，稀里糊涂答完。出了考场，只有一名四川考生告诉大家这5个字是从严复翻译的《群学肄言》里找出来的，是英语的音译，大意是整体与个人的意思。郭沫若很沮丧，觉得没把握，就去北京找做川边经略使驻北京代表的大哥郭开文，大哥外出了，其朋友安顿了郭沫若。几天以后，军医学校复试结果出来了，全体考生榜上有名，但郭沫若已决定不去了，他给同学回信写道："偏津之拓都，难容区区之么匿"，反正他又不爱学医，也没看上这所学校。大哥回到北京，责备了郭沫若，恰好当时日本有4所学校接受官费留学生，每年3月和7月两次招考。郭开文当机立断，拿了一根金条给弟弟作为费用。其时郭开文已近乎失业，没有了收入。12月底，郭沫若离开北京赴东京，进入神田学校学日语。学校离住处有八九里远，他每天步行以减少支出，饭食也很简单。中午和晚上都是一菜、一饭、一小碟咸菜，即使如此那根金条也仅能维持到第二年7月。郭沫若背水一战，终于在7月考取了东京高等学校预科的官费留学生。半年时间考取官费留学生，在当年大概是破了纪录的。

□ 晚年郭沫若负疚抄写亡子日记

郭世英是郭沫若与于立群所生的第二个儿子。1962年秋,他以优异的成绩考入北京大学哲学系。岁末,郭世英与101中学同学张鹤慈等人结成"X诗社",积极探索禁区——大跃进是成功还是失败了?毛泽东思想能不能一分为二?他们不加掩饰的言谈举止,无疑成为"阶级敌人争夺青年一代"的绝好例证。1963年夏,郭世英被人告发后,下放河南西华农场劳动,诗社其他成员则被视为"反动学生"遭定罪判刑。郭世英在两年的劳动中,意趣大变,对棉花栽培发生了兴趣。1965年秋,在自己并不愿意的情况下,经不住双亲的劝说,郭世英回到北京,进入北京农业大学重续学业。他期待经过深造之后,重新返回农场。不想一个学年不到,"文化大革命"爆发。1968年3月,许多高校的造反派开始大揪"反动学生",郭世英也被北京农业大学一伙人非法绑架,并遭到刑讯逼供,要他招供5年前的旧案——"X诗社"事件。4月19日,于立群了解到儿子郭世英处境危险。当晚,郭沫若正好要参加周恩来的宴会,于立群恳求他向周恩来求救。郭沫若坐在周恩来身旁,最终却没开口。3天后,郭世英被发现从三层楼上关押他的房间里破窗而出坠楼身亡，年仅26岁。儿子被迫害致死，悲愤难忍的于立群当即病倒。面对妻子痛不欲生的指责，郭沫若一再沉默，沉默，最后说："我也是为了祖国好啊！"万般苦闷之中，郭沫若默默地伏在硕大的办公桌前，以常人难以想象的悲痛，将郭世英在西华农场劳动期间的日记一行行、一页页颤抖地誊写在宣纸上，整整抄了八大本。

□ 达官权贵"补祭"吴昌硕夫人

1917年，吴昌硕的继室施氏夫人在上海去世。吴昌硕委托他一位姓陈的朋友从简办理丧事。丧事过后，那位姓陈的朋友交给吴昌硕一份奠仪单，奠仪中有一元、二元，也有七八元、十多元的。送礼的大都是亲戚、挚友，还有一些左邻右舍，却没有过去曾向他要过书画的达官权贵。为了感谢亲朋挚友的吊唁和馈送的奠仪，吴昌硕拿来宣纸，亲笔用工楷书写谢唁，然后一一送上门去。吴昌硕的书法，特别是他的工楷，在当时已是难得的珍宝。所以接到"谢唁帖"的，个个喜不自禁。那些达官权贵深悔自己没有在吴夫人的治丧中送上一份"奠仪"，有的甚至想补送。一天，那位姓陈的朋友跑来对他说："昌硕兄，丧事办完。但仍有几个人想要送奠仪，你看如何处置?"吴昌硕笑着说:"你去对他们说,这次不必事后补送了,就等以后我死了一起送吧!"

□ 张大千只说中国话

1917年,张大千到日本留学。同学中有一位叫朴锡印的朝鲜人,是胡适在美国哥伦比亚大学留学时的同学,英文说得非常地道,张大千甚为佩服,相比之下,觉得日本人的英语说得太蹩脚了。一次,他对一个日本同学说:"日本人的英语真蹩脚,听听朴先生的英语说得多好。"谁料日本同学反唇相讥:"你不知道亡国奴的舌头是软的?要伺候人当然得学好话。"张大千听了非常生气,他用家里寄来的钱专门请了一个在天津长大的日本姑娘做翻译,决定从此不学日语。他发誓:今后不管身在何处,自己只说中国话。

□ 张大千喜欢在春华楼吃饭

1929年5月,张大千在北京经友人介绍结识了京剧泰斗余叔岩,两人一见如故,结为莫逆之交。他们常常在一起吃饭,最爱去的地方就是春华楼。春华楼在北京南城的和平门五道庙,是八大楼中唯一经营江浙菜的饭

国画大师张大千

庄。每一次去,张大千和余叔岩几乎不用点菜,全由菜馆掌柜白永吉张罗,对白永吉的菜色张大千赞为"要得",余叔岩也称"行"。当时北京人有"唱不过余叔岩,画不过张大千,吃不过白永吉"的说法,说的正是三个人的绝活。张大千还传授春华楼一道菜,取名为"张大千鱼"。

□ 张大千给毕加索送礼

1956年,张大千去法国拜访毕加索。为了送给毕加索几支上等画笔,张派人赴巴西牧场,从2500头牛的耳朵里剪取耳毛,共得耳毛1公斤,再由飞机送往日本,托玉川堂、喜屋两家笔店制成特种画笔8支(一说50支)。张大千在笔杆上题写"艺坛盟主"字样,去法国时送给毕加索两支。

□ 张大千胡子长,睡觉不知往哪搁

张大千是个大胡子,浓密的胡须长达腹部。有一人见此,顿生好奇,问:"张先生,睡觉时您的胡子是放在被子上面还是搁在里头的?"张大千一愣:"这……我也不清楚。这样吧,明天再告诉你。"晚上就寝,张大千将胡子撂在被子外头,好像不太对头;收进被子里面,又觉不自然。折腾了半宿,都不妥当。这一下他自己也犯愁了。第二天,张大千对那人说:"很抱歉,我真的不知道平时是搁哪的。"

□ 朱自清把新婚大氅当了买书

1920年,朱自清即将在北京大学毕业。一次,他到琉璃厂逛书店,见到一部新版的《韦伯斯特大字典》,定价14元。朱自清手头没这么多钱,可书又实在喜欢,思来想去，发现自己只有穿在身上的皮大氅还值点钱。这件大氅原是父亲亲手制作，作为他的新婚礼物，水獭领，紫貂皮。来到当铺，朱自清没有过多考虑，想着将来能够赎回，便以书价作当价：14元。大氅当然不止这个价，所以当铺的人一点不为难，即刻付款。拿上钱，朱自清马上去把那本《韦伯斯特大字典》抱了回来。不料那件费了父亲许多心力的大氅，却最终没能赎回来。后来，朱自清被聘为清华大学中文系教授。有一年冬天特别冷，朱自清没有钱缝制棉袍，便到街上去买了一件马夫用的毡披风。这件粗糙的毡披风由于太过显眼，成了教授生活清贫的标志，此后也多次出现在朱自清朋友的笔下。

□ 朱自清"抄袭"《佩文韵府》

朱自清治学认真严肃，从不滥竽充数。1934年应郑振铎邀请，一个晚上赶写了一篇《论逼真与如画》，其材料依据《佩文韵府》，因来不及检查原书，就在文章后面写明是"抄《佩文韵府》"。

1938年朱自清夫妇与小女儿合影

□ 鲁迅为许钦文"做广告"

1924年春,鲁迅的小说《幸福的家庭》在《妇女杂志》上发表,读者发现,在小说的题目下面写着"拟许钦文"四个字和附记:"我于去年在《晨报副刊》上看到许钦文君的《理想的伴侣》时,就忽儿想到这一篇的大意……""拟许钦文"四字和附记在文坛掀起了轩然大波,有的说鲁迅在为许钦文做广告,有的说这是因为许钦文和鲁迅是同乡。鲁迅听后很无奈,气愤地对许钦文说:"说是我那小标题,是给你做广告的。广告就广告,这算不得什么。可是不久又来了一种同乡论,这就很是无聊了。"事实上,鲁迅的"广告"确实让许名声大振。许钦文在文学创作道路上,多次受到鲁迅的指导和点拨,他将鲁迅视作"一生最感激的人"。

□ 鲁迅与林语堂为一床蚊帐绝交

林语堂与鲁迅两人一度志同道合。1925年主持《语丝》周刊时,鲁迅曾两次主动给林语堂去信约稿,林语堂随即成了《语丝》的主要撰稿人之一。不过鲁迅和林语堂却因一床蚊帐,逐渐心生隔阂。两人曾同住在上海北四川路横滨桥附近,一次鲁迅不小心把烟头扔在了林语堂的蚊帐下,把林语堂的蚊帐烧掉了一角,林语堂心里十分不悦,厉声责怪了鲁迅。鲁迅觉得林语堂小题大做,因一床蚊帐发这样的大火,未免太伤人了,于是回敬说一床蚊帐不过5块钱,烧了又怎么样,两人就这样争吵起来。后来,在一个饭局上,几个广东籍作家兀自讲粤语,林语堂则故意讲一口流利的洋泾浜英语逗趣。鲁迅听了,极为不满地说:"你是什么东西!难道想用英语来压中国的同胞吗?"弄得林语堂很尴尬,甚是无趣。此后,两人终至分道扬镳。

□ 鲁迅曾因长得太瘦被疑为鸦片贩子

鲁迅最后一次香港之行，是在1927年9月28日，他从广州迁居上海时路过香港。鲁迅随身带着几只书箱、衣箱，29日下午竟挨了"查关"。检查员铁青着脸，也不理鲁迅的话，只将箱子里的东西一股脑倒出来，翻搅一通；倘是一个纸包，便将包装纸撕破。于是一箱书籍，经他搅松之后，便高出箱面有六七寸了。更令鲁迅气恼的是，一把连柄长仅五寸三分的小刀，竟被检查员说是"凶器"；一盒蚊香也被指斥是"古怪"的。船上的茶房将这翻箱倒箧的事，归咎于鲁迅，他说："你生得太瘦了，他疑心你是贩鸦片的。"

□ 刘大白以死相抗为老鼠所救

作家、诗人刘大白，是鲁迅的同乡。他出身书香门第，年幼时其父望子成龙心切，对他严加管教，甚至使出了"头悬梁"的招数。非人性的折磨使刘大白决心以死相抗，他照故事中讲过的上吊方法，踩上凳子，用绳子把脖子拴紧，双脚把凳子猛地一蹬，然后就什么也不知道了。幸好一只老鼠咬断绳子，救下了刘大白。听得此事的人都说是神灵佑护，必有后福。刘父为此专门造了一个神龛，供奉救命的"神鼠"，后来对儿子也不那么严厉了。

□ 林语堂烧掉结婚证

1919年1月9日，林语堂和廖翠凤步入婚姻的殿堂，结婚后，林语堂和妻子商量，将结婚证一把火给烧掉。谈及原因，林语堂说"结婚证只有离婚才用的上"。此后两人历经无数坎坷，但始终相濡以沫，一起生活了近60年。有一次，林语堂对妻子说："离了你，我活不成呀。"廖翠凤风趣地答道："我倒想离，可我们的结婚证让你给烧了。"

□ 林语堂吃花生授课

林语堂在东吴大学法学院任教时，开学第一天，上课铃响了好一会，他还没有来，学生们引颈翘首。林先生终于来了，而且夹了一个鼓鼓的皮包。学生们满以为林先生带了一包讲课的资料，也许他是为找资料而迟到了。谁知道，他登上讲台后，不慌不忙地打开皮包，只见里面竟是满满一包带壳的花生。他将花生分给学生享用，但学生并不敢真吃，只是望着他，不知他葫芦里到底卖的什么药。林先生开始讲课，大讲其吃花生之道。他说："吃花生必吃带壳的，一切味道与风趣，全在剥壳。剥壳越有劲，花生米愈有味道。"说到这里，他将话锋一转，说道："花生米又叫长生果。诸君第一天上课，请吃我的长生果。祝诸君长生不老！以后我上课不点名，愿诸君吃了长生果，更要长性子，不要逃学，则幸甚幸甚，三生有幸。"

1939年林语堂在美国留影

□ 林语堂教书"相面打分"

林语堂有一个绝活就是"相面打分"。他的英文课从不举行任何形式的考试,每到学期结束前,要评定学生的成绩时,他便坐在讲台上,拿一本学生名册,轮流唱名,唱到的学生依次站起,他则像一个相面先生一样,略为朝站起的学生一相,就定下分数。难得有几位他吃不准,心中没有十分把握的,便略为谈上几句,他便了解周详了,然后定分。他说:"倘使我只在大学讲堂演讲,一班56个学生,多半见面而不知名,少半连面都认不得,到了学期终叫我出10个考题给他们考,而凭这10个考题,定他们及格不及格,打死我也不肯。"于是他反其道而行之。他的记性特好,一个班的学生,几节课下来,他便能直呼其名了。他在课堂上总是随时指认学生起立回答问题,未及学期结束,每位学生的学力和程度,他已有了一个清晰的轮廓和印象了,这就是他敢于"相面打分"的秘诀。据他的学生们回忆,林语堂"相面"打下的分数,其公正程度,远超过一般以笔试命题计分的方法,同学们心中无不心服。

□ 幽默大师林语堂

1966年6月，林语堂回到台湾，参加台北一所学校的毕业典礼。会场上不免有发言者侃侃而谈，以炫耀口才，这一来轮到林语堂演说时，已经到了中午11点半。这时只见林语堂站起来，说道："绅士的讲话，应该像女人的裙子，越短越好。"当场听众先是一愣，然后哄堂大笑。次日台北各大报刊皆称：幽默大师名不虚传。

□ 李济带古琴去美国

陈寅恪曾说过，"赵元任是带着钢琴去美国的，李济是带着古琴去的。"李济从小爱好音乐，尤其喜欢听古琴，在清华读中学时，他拜著名琴师黄勉之为师，每逢暑假学琴，一周三次。黄勉之来李济家教学，用两张琴，一个长桌，师生面对面对弹，学了好几个暑假。留学回国后在清华国学院当导师期间，在一次师生茶话会上，李济在陈寅恪的提议下当众演奏了一曲。赵元任精通好几种西洋乐器，他曾想跟李济学古琴，李济怕"误人子弟"不肯教。

1930年，山东城子崖龙山文化遗址，李济骑驴漫游

□ 老舍收藏梅兰芳撕掉的扇子

梅兰芳作画很有功底，每演《千金一笑》，必在登台前亲笔画俏丽牡丹于扇面，装上扇骨，带上台表演，并当场撕扯抛掉。每演一次，撕一次，琴师徐兰沅很是心疼。有一次演出结束后，他偷偷地把撕坏的扇子拾回来，装裱好送给了老舍，老舍很珍爱。老舍热衷于收藏扇子，收集了几百把，不乏明清和现代书画家的精品。

他尤其喜爱收藏戏曲界名伶的书画扇，藏品中就有四大名旦等京剧泰斗所作的书画扇。

□ 老舍的直率

一次，有位女作家拿着自己的小说文稿请老舍提意见，老舍看了几页，直言不讳地说："作品写得太干巴，缺乏文学性。"女作家辩解道："我的作品就是不要月亮啊，星星呀，树呀，草呀，花呀的。那都是资产阶级的情调。"老舍也毫不示弱："那你就不要拿来给我看，我就是资产阶级。我就喜欢月亮、星星，还亲自种花、养花。"

□ 老舍为朋友"两肋插刀"

1936年秋，与老舍同在山东大学任教的杜甫研究专家萧涤非被新上任的校长解聘。为此，一天之内，老舍曾一连找过校长三次。最后一次，老舍严肃而认真地说："萧涤非不仅才华横溢，而且教学有方，这是有目共睹的。你初来乍到，不但不对他全面了解，反而听信谗言把他无故解聘，实在叫人无法理解！"校长虽被老舍说得哑口无言，但却固执己见。此事过了没几天，为了抗议校方无理解聘萧涤非,老舍毅然推掉了山东大学发给他的教授聘书。对此,校长多次做老舍的思想工作,想把他留下来,但他却断然拒绝。之后,老舍一度仅靠写稿来维持生活,虽过得清苦,但毫无怨言。

老舍名作《龙须沟》剧照

□ 王芸生拒绝周恩来的布料

1926年9月1日,新记公司接办《大公报》之始,社长吴鼎昌、总经理胡政之、总编辑张季鸾就以公司名义向公众宣布,《大公报》以"文章报国、文人论政"

为特征，以"不党、不卖、不私、不盲"为社训。最明显的是吴鼎昌、胡政之、张季鸾"三巨头"在新记《大公报》创办之初就发表声明，无论是谁，只要当了官，就必须脱离《大公报》。这一条执行很严格，出资5万元的吴鼎昌刚当了国民政府的部长，马上就声明辞去社长的职务。王芸生进入《大公报》后，多次拒绝国民党的"官衔"引诱。当时《大公报》刚迁入重庆不久，国民政府就给他下"聘书"，聘他为"军委会参议"。"聘书"刚到，紧接着陈布雷的电话就来了："这是委员长的意思，请勉强收下吧。"到了月底，"军委会"竟给王芸生送去了丰厚的"薪水"，王芸生没给陈"面子"，将"聘书"和钱款一律退回。重庆谈判之后，周恩来到王芸生家，送来一包小米、一包小枣、一匹呢子布，说是延安的土特产，请王先生笑纳。王芸生回答，小米、小枣可以收下，衣料太贵重，我不能收，我想恩来先生是知道我们的规矩的。周恩来马上说你们的规矩我知道，立即按照王芸生的意思做了。

□ 郁达夫"压迫"钱

20世纪30年代，郁达夫有一次请一位在军政界做事的朋友到饭馆吃饭。吃完饭付账，郁达夫从鞋底下抽出钞票交给堂倌。朋友诧异地问道:"你怎么把钱藏在鞋里?"郁达夫笑笑,指着手里的钞票说:"这东西过去一直压迫我,现在我也要压迫它。"

□ 郁达夫被妻子下"禁令"

郁达夫结婚后有段时间住在上海静安寺附近的嘉禾里。腊月的一天,郁达夫被朋友约去吃饭,结果一夜未归。原来,郁达夫醉倒在了嘉禾里的街口,在街上睡了半夜。被发现时,一件皮袍子冻成了毡块。其妻王映霞心惊不已,从此立下"禁令":凡是约郁达夫出去吃饭或喝酒,必须负责将他送回家,如果没有人保证的话,就不许他出门。

□ 傅雷打桥牌掀桌子

因翻译巴尔扎克作品而闻名的傅雷,文学造诣很高,只是脾气有些暴躁。1931年,从巴黎留学归来刚到上海时,傅雷常与友人搓麻将、打桥牌消遣。原本纯粹的娱乐活动,傅雷却看得非常认真。他绝不以"看着对家、吃着上家、卡着下家"的"技巧"欺瞒别人,以致他的牌别人都能猜得一清二楚,结果往往十有九输。为此,傅雷总是大发雷霆,认为输是由于自己愚蠢。但他又拒绝接受所谓的"技巧",依然想光明正大并急不可耐地非赢不可,最后弄得牌局常常不欢而散。打桥牌也是如此。别人知道他的脾气,总不愿同他搭档,傅雷只好和妻子朱梅馥搭档。朱梅馥一坐到他对面也紧张,傅雷还不停地呵斥,"怎么能这样出牌!"弄得她更加窘迫。这样打下去,没几轮光景,傅雷轻则扔下牌不玩,重则把牌桌子都给掀了。可怜他妻子既要忍气吞声,又要陪笑脸给朋友道歉。渐渐地,朋友都不愿意同他搓麻将、打桥牌了。傅雷后来也就干脆不打了。

□ 聂耳机智斗密探

1933年,田汉36岁生日庆祝会上突然闯进两名密探,在场的聂耳当即用小提琴,按"3331536"的音符,边拉边唱,绕着他们转圈子,与会者也跟着唱和、拍手掌,密探以为弄错了就走了。人们问聂耳刚才是什么曲子,他笑道:"这曲子是33年3月15日,36岁,是给田汉听的。"

聂耳与学拉小提琴的王人艺

□ 邹韬奋豁达的人生

1935 年，邹韬奋在上海外滩办《大众生活》杂志的时候，有一次乘电车外出，他坐在靠窗的座位上看报纸。忽然一阵大风吹来，他的帽子被刮出窗外。邹韬奋毫无知觉，继续看报纸。旁边好心的乘客提醒他说："你的帽子被刮掉了，你怎么连看都不往外看一下呢？"邹韬奋解释说："外滩这一带小瘪三多得很，帽子刮下去，就再也找不回来了，我回头去看和不回头去看结果都一样。"

□ 齐白石抗战期间自喻为虾

1937年，日寇侵占了北平。齐白石为了不受敌人利用，坚持闭门不出，并在门口贴出告示，上书："中外官长要买白石之画者，用代表人可矣，不必亲驾到门，

著名画家齐白石

从来官不入民家，官入民家，主人不利，谨此告知，恕不接见。"齐白石还嫌不够，又画了一幅翡翠（鸟的一种）和虾的画来表明自己的心迹。画面很特殊，一般人在画翡翠时，都让它站在石头或荷叶上，窥伺着水面上的鱼儿。齐白石却一反常态，不去画水面上的鲟鱼，而画深水中的虾，并在画上题字："从来画翡翠者必画鱼，余独画虾，虾不浮，翡翠奈何？"齐白石闭门谢客，自喻为虾，不与日寇、汉奸同流合污，寓意深长，发人深思。

□ 曹禺澡盆里读书

抗日战争期间，曹禺在四川江安国立剧专任教。有一次家人为他准备了澡盆和热水，要他去洗澡，此时曹禺正看书看得起劲，爱不释手，一推再推，后经再三催促，才一手拿着毛巾，一手拿着书步入内室。但一个钟头过去了，未见曹禺出来，房内还不时传出稀落的水响声；又一个钟头过去了，情况依旧。曹禺的家人顿生疑惑，推门一看，原来曹禺坐在澡盆里，一手拿着书看，另一只手拿着毛巾在有意无意地拍水。

□ 曹禺偷吃盐水鸭

曹禺去世前在北京医院住了8年之久，后来诊断为"肾功能衰退症"，每天吃饭只能靠麦淀粉充饥，日子十分难过。夫人李玉茹同来住院，常常是当面陪着笑脸，背后又哭得死去活来。这时不得不找来一个陕西小伙白世林做24小时护工服侍曹禺。长期吃麦淀粉味同嚼蜡，实在是一种难忍的折磨。一天晚餐后，曹禺让小白带他来到附近的崇文门菜市场，径自走到专卖熟食的摊位前，曹禺格外出神地看着玻璃柜里的南京盐水鸭。他小声对小白说："咱们得悄悄地，买上一只！不，只能买上半只！"小白明白他的意思赶忙买下，用塑料袋包好，藏在外衣里边，偷偷带回病房。晚上，等医生、护士查房以后，病房完全安静下来时，在小白的掩护下，曹禺才兴奋地吃下了一口盐水鸭，并且连声称赞："有味道，很有味道。"

□ 范长江《大公报》险被炒鱿鱼

1938年4月，范长江回到《大公报》汉口馆，总编辑张季鸾认为一个合格的报人要写社评、编稿件、作标题、拼版、看样，样样都拿得起来，不仅要能跑，还要能坐、能熬。张赏识范长江的才华，也有意培养他、让他磨练一下，所以当他提出做"要闻版编辑"时，就答应了。没想到他只值了两天夜班就大发牢骚，对王芸生说："我不能这样出卖我的健康！"向来温厚待人的张季鸾先生十分生气："出卖健康？我们出卖了一辈子的健康，从来没有怨言，他只做了两天就受不了，叫他走！"

杰出的新闻记者、社会活动家范长江

□ 张乐平"教"黄永玉画画

抗战时，"三毛之父"张乐平在江西赣州画三毛，黄永玉曾在一边看。张乐平坐在窗边小台子旁重复地画同样的画稿。一只手不自然重画一张，后脑部分不准确又重画一张，画到第六张，他自己也生起气来。黄永玉说："其实张张都好，不须重画的。"张乐平认真起来，手指一点一点对着黄永玉，轻声地说："侬勿可以那能讲！做事体要做透，做到自家无不话讲！勿要等人家讲出来才改，记住啦吭！"这些话，黄永玉终生受用。张乐平画画从来如此，难得一挥而就。

□ 黄永玉和平画店买画买一赠一

20世纪50年代初国画家许麟庐在北京东单西观音寺胡同口开了一间和平画店。和平画店非常有名，所有的文化人都往那里串。黄永玉当时收入有限，也常常到那儿看看。用高丽纸画的徐悲鸿的《漓江烟雨》、一架楠木镜框里齐白石的两个德州大西瓜盛在破篮子里的四尺大画，和一张同样尺寸未装框的李苦禅的三只灰鹤的画同时震慑、吸引了黄永玉，他举棋不定。口袋只有一张画的钱，买了齐白石，下次不见了李苦禅如何是好？于是黄永玉把钱放到许麟庐手中说："我要李苦禅！"老许感动了，望着黄永玉说："永玉！真有你的！这样吧！你买齐老这张，三只鹤我让苦禅送你！"交易竟真的这样做成了。事隔50年，许麟庐的这点山东豪劲，仍令黄永玉难忘。黄永玉一共从和平画店买过20幅左右的画,文化大革命抄家后退还给他的,只是最初的那张李苦禅和齐白石,这真是个异数!

□ "不可随处小便"

国民党元老于右任精于书法,尤善草书,向他求字的人很多。有一天,有人特备酒筵请他写字,饭后拿来纸笔,于右任在酩酊之中挥毫,留下一行"不可随处小便"而去。第二天,那人拿出这行字请教于右任,于右任知道自己酒后失笔,连声道歉,沉思良久,似有所得,于是叫人取来剪刀,将一行字剪成几块,重新拼排,说:"你看,这不是一句很好的座右铭吗?"那人一

晚年于右任与晚年蒋介石合影

看，禁不住大笑，再三拜谢。6个字重新排序，原来是："小处不可随便。"

□ 谢无量与蒋介石"做生意"

谢无量的书法，看似稚拙，实则博大精深，非常人所能企及。抗战胜利后，纸币贬值，物价飞涨，加上谢无量喜好赌博，而又十赌九输，卖文字所得，入不敷出，因而常常债台高筑。1946年，蒋介石六十寿辰，示意空军司令周至柔，请谢无量为他作寿文。谢无量唯唯诺诺就是不明确答应，周至柔便先奉上润笔费3亿元（旧币）。润笔费之高昂，一时无双。寿文抄写好后，蒋介石大喜过望。蒋介石说："谢先生是大写家，就请他本人写。"周至柔再到谢府，转致蒋介石之意。谢以不能作楷书为由推辞。周至柔又奉上两亿元，作为写寿屏的润笔，谢无量笑纳后一挥而就。自获此项卖文字稿费，还掉债务，尚可盈余。谢无量事后对朋友说："他是出钱买寿文，我是出门不认。大家都在做生意，商场上往来，照例如此。"

□ 黄苗子拍结婚照脚下垫砖头

20世纪40年代,黄苗子和郁风在重庆结婚,夏衍做媒,在郭沫若家举行了订婚仪式。柳亚子题词,郭沫若题诗。结婚典礼是吴铁城主婚,沈尹默证婚并赠诗,名流云集,轰动一时,后来董必武、周恩来还分别宴请了这对新人。郁风比黄苗子高10多公分,郁风一米七,黄苗子不到1米六,郁风说过一句话:"我平生最得意的事就是比我的丈夫高,而且高的不是一点点。"黄苗子也很得意,他这个矮个子居然有个高老婆。他们拍结婚照时,朋友们开玩笑说:郁风太高了,苗子太矮了,怎么拍照呢?叶浅予从地上捡了两块砖头让黄苗子垫在脚下。后来丁聪画过一幅画,夏衍题字:"此风不可长",就是说郁风不能再长了。

□ 华君武把《黄河大合唱》变成"大独唱"

一次,著名音乐家冼星海在延安首次演出《黄河大合唱》,由于当时许多歌唱家都已分赴前线及根据地,一时人手不够。华君武那时在鲁迅艺术学院,冼星海就要求他也参加合唱。华不懂唱歌，坚决反对，但冼星海说，"人少了不好，大家一起唱，声音差点也不要紧。"华君武只好勉强答应。可是他并不知道乐队指挥第一个动作只是让大家准备，第二个动作双手一扬才一齐唱起来。当开幕时，冼星海手一动，站在前排正中的华君武突然高唱"黄河呀——"，"大合唱"变成"大独唱"。于是立刻把幕放下来，等到幕再开时，华君武已被"排除"出场了。

□ 华君武被特务列入暗杀黑名单

华君武有"画坛鲁迅"之称。1946年，华君武从延安辗转来到哈尔滨，在当时的《东北日报》工作。一年后，他创作了漫画《磨好刀再杀》。这幅作品描写了当年蒋介石一边高举"和平方案"的盾牌，一边马不停蹄地在磨刀石上打磨他缺口累累的屠刀的场景。这个漫画形象的蒋介石穿着一身美国大兵服装，暗示蒋介石是依靠美国的援助才有力量来打内战；光头、高颧骨、小胡子和凹进去的眼珠，太阳穴上还贴着一块小小的、四方形的、黑色的膏药，旧上海许多男女流氓常常贴着这种膏药，则暗示蒋介石当时是中华民国的总统，这块小小的膏药却表现了蒋介石的流氓本质。也许是这一形象太有感染力了,哈尔滨的国民党特务组织以"诬蔑领袖"的"罪名",将华君武列入暗杀黑名单。

1936年,第一次全国漫画展上丁聪、黄尧、华君武、黄苗子(从左至右)合影

□ 华君武"五七干校"烤麻雀

"文化大革命"时,华君武被下放到天津团泊洼五七干校种菜喂猪。劳动间歇,他经常约《戏剧报》的老编辑司马空一起上房掏麻雀改善伙食。司马空是掏雀老手,自愿上房掏雀,华君武做副手,司马空吆喝什么,他就干什么,做错了有时还被骂一声"笨蛋"。不过华君武烤麻雀却很在行。将麻雀拔毛去皮掏出内脏后,再

用酱油和黄酒腌上一晚，第二天用铁丝穿好烧熟，香味扑鼻。华君武经常请人吃烤麻雀，戏剧家张庚、吴祖光、刘原生和漫画家丁聪都来吃过，时间一长，大家给华君武起了个外号——"烧鸟华"。

□ 苏青：一记耳光打出来的作家

苏青曾是上海滩大红大紫的女作家，殊不知，促使她成为作家的，竟是丈夫的一记耳光。当年苏青与李钦后结婚后，李外出工作，苏青终日赋闲在家。开门七件事，柴米油盐酱醋茶，样样要花钱。苏青没有收入，只能向丈夫要。一次丈夫火了，伸手打了她一巴掌，大声吼道："你也是知识分子，你为什么不自己去赚钱呢，伸手来问我要！告诉你，我没有！"这把苏青打醒了，她意识到如果一个人经济不独立，在家里就没有地位。她按报上的招聘广告求职无果后，失落中拿起笔，她的处女作《产女》（后更名为《生男与育女》）在寄给《论语》杂志社后，当即被采纳。由此拉开了她轰轰烈烈的文学创作之路。

□ 萧乾的书桌像刺猬

萧乾的家,极乱,极拥挤,来的客人一多,三五个就麻烦了,坐不下,到处都是书、物品,没下脚的地儿。但是萧乾心中有数,要找什么东西,手到擒来,一点都不费劲。他还有许多小发明:书桌上有倾斜的板子,省得老低头,防止颈椎病;书桌下层的抽屉都拉出来,呈裸露状,不用弯腰;把各种废药盒码在桌边的小板上,左右两行,放眼镜、别针、小工具;名片都分门别类地放着,按人名、机关、国籍各装一本,找着方便;头上有专门的绳子挂着正在写的文稿,一抬头就能找着。这样一来,萧乾的书桌很像一只大刺猬,张牙舞爪,处处都是机关。

□ 萧乾及时汇稿费救了钱锺书夫妇

1983年的一天,萧乾前去造访钱锺书夫妇,一进门就被二人以"恩人"相称。萧乾心中诚惶诚恐,追问缘故。原来1936年萧乾担任《大公报》文艺副刊主编时,杨绛的作品在副刊上发表。结算稿费时,钱锺书夫妇已赴英国深造。萧乾仍旧将稿费换汇,悉数寄出。那正是钱锺书夫妇留学期间最困难的时期,收到稿费正解燃眉之急,四十七年之后两人仍旧感恩不忘。

□ 溥儒的健忘

溥儒先生一年到头总穿着中式服装,颇有名士风度。为人书生气十足,不会料理自己的生活,穿衣不知寒暖,经常扣错纽扣;食用不知节制,甚或不知饥饱;买东西不知问价钱,出了门找不到回家的路。所以他从不敢一人出门,必须有人跟在身边照料。他非常善忘,同桌吃过几次饭,经人介绍后相谈甚欢的人,事后他就不记得了。再见面时,对方与之握手道故,他却形同陌生,说:"我不认识你呀,恐怕你认错人了吧?"为此,他也开罪了不少人。

□ "要买真正的文物"

浦仪离开皇宫时,乾隆皇帝三希堂里的二希《中秋帖》和《伯远帖》流入北平市场,被袁世凯的心腹郭葆昌买下。后来他的儿子郭昭仪带去台湾变卖,台湾故宫没有经费议价,郭昭仪又转去香港押给银行。香港著名的鉴藏家、文化部"香港秘密收购小组"负责人徐伯郊知道此事后,立即上报时任文化部文物局局长的郑振铎请示收购,周恩来最后批示"要买真正的文物,不要古玩"。最后,国家花了50万港币,于1951年收购了《中秋帖》和《伯远帖》,当年这可是个大数目。

□ 沈从文"鞠躬如也"

有一次,时任北京市副市长的吴晗去北京历史博物馆参观,沈从文被指定为陪同讲解,但是当吴晗一行来

1946年顾传、沈从文、周有光(左起)三连襟在上海留影

到博物馆时，沈从文见他与馆里的领导谈兴正浓便悄悄地走开了。事后，领导指责沈从文失礼，沈从文却说："我见他，鞠躬如也；他见我，也是鞠躬如也。"人们这才知道，沈从文过去曾是吴晗的老师。其实沈从文最清楚，吴晗是一位历史学家，而自己对文物并不十分在行，为了避免尴尬，走开也许是最合适的做法。

□ 戴煌在北大荒一口气吃了82只耗子

新华社记者戴煌被遣送北大荒八五零农场监督劳动。1960年全国大灾荒，农场的粮食被国家调走了，他们有一段时期每月只有19斤口粮。他体重原为160多斤，由于长期做重活，吃得又少，瘦成了90多斤。他饿急了，就在地里捉老鼠回来煮着吃。有一次，他煮了大大小小82只耗子，一顿吃完，成为世界上吃耗子纪录创造者。那时，人们总是想吃东西，肚子饱了，还是想吃，好像是个无底洞，这种疯狂的食欲是后来人无法理解的。

□ "黑帮"赵树理"不辨花草"

十年浩劫中，有个造反派想把花园里的一盆花拿回家去，但不知道这盆花好不好，就去问那些"黑作家"们。被专政的作家们不想理他，推说不知道。这个造反派火了，指着赵树理说，"你也不知道？"赵树理说："我不是不知道，是不好说。我是黑帮，我说是香花，你们说是毒草；我说是毒草，你们说是香花……"

抗日战争时期，赵树理（中）与八路军战士在一起

□ 英若诚狱中生活有滋有味

1968年春天，著名表演艺术家英若诚被强加上"美帝特务"和"苏修特务"双重罪名，抓进监狱关了起来，直到1971年夏天才放出来。在监狱里，他和两位搞音乐工作的狱友整天回忆曾经唱过的歌曲，并改编成三重唱、对唱，经常是两个人唱歌，另一个人

用嘴伴奏，苦中作乐。英若诚认为自己很可能要在农村度过余生，于是向熟悉农活的狱友，用口头的方式，学习喂奶牛、做豆腐、养蜂采蜜，甚至学习如何使用风力发电，以提高自己的生存能力。他从一个农村干部的山羊皮袄上扯下羊毛做毛笔，又利用狱中染布的机会留下几十块染料做墨水，偷偷地写字、画画。英若诚出狱后，独自回到家中，面对翻得七倒八歪被损坏的家具，他二话没说，先找到一张幸免于难的唱片，摆弄好播放机，让抒情的音乐响起来，边听着乐曲边收拾那已经破碎的家。

□ 张仃"文化大革命"中不放弃对美好的追求

"文化大革命"期间，著名画家、中央工艺美术学院副院长张仃长期受到批判，甚至被打得浑身是血，但每次回家前，他喜欢在外面坐很长时间，梳理好头发，整理好衣装，挤出笑容，以最好的状态面对家人。窗外的高音喇叭吵个不停，被批斗过的张仃累得不想动弹，但还是会让妻儿们给他读书，读鲁迅，读雨果，读列夫·托尔斯泰和莱蒙托夫，让全家每天都唱《外国名歌200首》里的歌。在张仃的支持下，"文化大革命"期间,几个孩子还偷偷办地下刊物。这在当时是极危险的事,但张仃认为,丢掉对美好事物的追求更可怕。

□ 梁从诫临危"救驾"当翻译

"文化大革命"中,梁从诫受到批斗,给他的"帽子"是:保皇党的孙子,反动学术权威的儿子,修正主义的苗子。他的名字变成了"梁三子",下放到江西"五七干校"劳动改造。在那里,他学到了一手好木工。1978年,梁从诫被允许回北京,但还戴着"现行反革命"的帽子,无人问津。后来,主持中国大百科全书工作的阎明复去外交部调他,梁从诫很奇怪,说你是不是搞错了,阎明复肯定地说:"你明天就到我们那里上班。"出版社第一次接待国外代表团,阎明复从部队里借来一个翻译,主宾落座不久,一进入实质话题,翻译就不灵了。接待室鸦雀无声,自幼受家庭熏陶的梁从诫急忙救驾。整场翻译下来,阎明复冲他发了火:"你这样的水平为什么不早说?"话锋一转,又说也没关系,让外宾看看我们在机场拎包的人也有如此高的水平。此后又有两次国外的百科全书访华团拜访邓小平,梁从诫也全程担任邓小平的翻译。

□ 启功没有自己的房子令妻子抱憾而终

1932年，20岁的启功，在母亲与姑姑的"安排"下，与从未谋面的章宝琛成婚了。章宝琛也是满族人，比启功大两岁，她虽文化程度不高，却任劳任怨。20世纪50年代，启功母亲病重，生活无法自理，全靠章宝琛照顾。为此，启功自认为无以为报，曾请妻子坐在椅子上，恭恭敬敬地叫她一声"姐姐"，并郑重地磕一个头，以示感谢。1974年，章宝琛的肝炎加重，弥留之际，她伤感地说："启功，我们都结婚43年了，要是能在自己家里住上一天，该多好。"原来40多年来，他们一直借住在亲戚家。第二天，启功便整理物品，决定马上搬家到别处，给自己和妻子一个独立的空间。傍晚，当他收拾好东西赶到医院时，妻子却永远地闭上了眼睛……妻子走后两个多月，启功搬进了北京师范大学分给他的一间房子，他终于有了自己的家。他怕妻子找不到回家的路，便来到妻子坟头，喃喃地说："宝琛，我们终于有了自己的房子，你跟我回家吧。"回到家里，启功炒了妻子最爱吃的几个菜，他不停地给妻子碗里夹菜，当妻子碗里的菜多得直往桌上掉时，启功趴在桌上失声痛哭。此后每年的清明节，启功都会坚持去墓地

"带"妻子回家。他常对身边的亲属说:"要是我走了,就把我与宝琛合葬在一起。我们来生还要做夫妻。"

□ 启功希望被"遗体告别"

启功被天天应接不暇的"应酬"所滋扰,觉得自己好比动物园的大熊猫,就在门口贴个字条:"大熊猫病了,谢绝参观。"但依然门庭若市,于是他又贴了一张字条:"启功冬眠,禁止敲门,如有违犯,罚款一元。"下面还挂了个"罚款袋"。可"违犯"者依然济济一堂,而"罚款袋"却空空如也。后来,有人看见启老门口上又贴上八个大字:"启功遗体,告别去了。"好心的朋友向启老建议"遗体告别"四字最好连在一起写或加上引号,以免误会。启功回答说:"我就希望误会。"

□ 梁实秋:"总统"死了,与我结婚无关

梁实秋与他的第二任妻子、台湾著名歌星韩菁清年龄相差近30岁,但因一见钟情,两人很快坠入爱河而不可自拔。正当二人冲破种种世俗偏见和流言飞语的阻碍,准备于1975年4月6日举行婚礼时,蒋介石恰好在前一

天去世，友人劝其将喜筵改期。梁实秋听后生气地说："'总统'死了，怎么我就不能结婚？"但在黑纱白带飘拂的日子里重做新郎，毕竟气氛不对，因而改在5月9日即台湾的"母亲节"作为梁实秋续弦的喜庆日子。

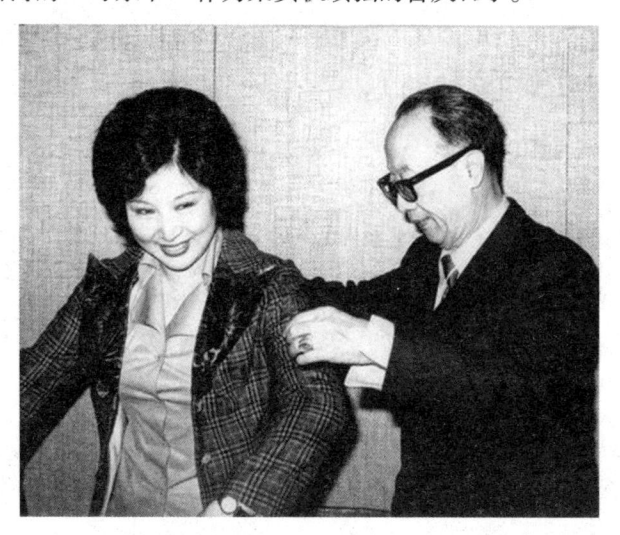

梁实秋为新婚夫人韩菁清披上外衣

□ 三毛歌曲《橄榄树》原名《小毛驴》

1978年，台湾著名音乐人李泰祥要三毛写一些歌词，因为催得紧，她一个晚上写了9首，其中一首就是《橄榄树》，歌词的主题是流浪。《橄榄树》刚交到李泰祥手里的时候，词曲名为《小毛驴》。因为在西班牙流浪期间,三毛看见有很多小毛驴在原野上奔跑,像童话一样富有诗意。后来《小毛驴》改名为《橄榄树》,主要因为三毛很爱橄榄树,橄榄树美。并且,三毛的丈夫荷西的故乡在西班牙南部,那里最有名的也是橄榄树。

□ 三毛"捡漏"拾得"冰裂纹"瓷碗

三毛平时爱邀约同伴开车到台北、台南乡间觅宝。有一天在高雄美浓镇买到了20多只精美的碗碟,她十分兴奋,深更半夜又独自外出散步。在一条水沟旁,三毛看见一条黑狗正在碗中舔食,喜欢收藏的三毛借着路边灯光审视那只狗碗,双眸为之一亮,经验告诉她,这是一只有一定年代的"老货"。此时,路上空无一人,三毛决定先下手为强,留下几个钱,"偷"走这只碗。可又一想不妥,放在路边的钱会被别人拾走。她匆忙赶到镇上,找到一家虽已打烊尚未关门的杂货店,买了一个价钱最高的大海碗。待到她赶回水沟旁,大黑狗早已不知去向,碗里的狗食也被舔得精光。三毛忙用新碗换取了狗碗。虽然此时小村庄早已进入梦乡,但她还是像小偷被人追赶一样不敢回头,心跳个不停。等回到旅馆将狗碗洗净,在灯下仔细欣赏,青釉闪光的瓷碗上还有"冰裂纹"纵横交错。

三毛与丈夫荷西

□ 张爱玲晚年为躲避跳蚤频繁搬家

从1984年8月到1988年3月这三年半时间内,张爱玲平均每个星期搬家一次。张爱玲给文学史家夏志清的一封亲笔信里也写到:"我这几年是上午忙着搬家,下午忙着看病,晚上回来常常误了公车。"由此可见,晚年张爱玲即使不是每天都搬家,其搬家频率之高也大大超乎一般人的想象。出人意料的是,张爱玲频繁搬家,很大程度上只为"躲虫子"———一种她认为来自南美、小得肉眼几乎看不见的跳蚤,生命力特别顽强。她随身携带着简易的行李,只要在住处发现跳蚤就马上离开。1991年,她在给朋友的信中说:"每月要花两百美元买杀虫剂","橱柜一格一罐"。张爱玲仿佛陷入了一种病症,难以自拔,早在十几岁时她就说过:"生命是一袭华美的衣袍,爬满了虱子。"一个风华正茂的女孩子说出这样的话,不想一语成谶。

□ 余光中不上网,酷爱自驾游

余光中不用手机,也不上网,平常也不用电脑,写稿都用手写,自己戏称还停留在手工业时代,为网络不及,是一条漏网之鱼。写作时他会把家中的电话线拔掉以保持安静,不受打扰,旅行时他追求自由,爱好一个人驾车出游。余光中每年用来旅行的时间超过四分之一,而他更可以称得上是自驾游的前辈。20世纪60年代,余光中在美国留学时,就开始了租车自驾游的快意生活。在美国、英国、法国、西班牙、澳大利亚……这些国家都留下他车轮滚滚的深情。余光中喜欢独游,独游的第一重好处就是绝无拘束,一切可以按自己的兴趣去做,只忍受一点寂寞,便换来莫大的自由。独游最大的考验,还在于一个人能不能做自己的伴侣。在废话连篇假话不休的世界里,能偶然免于对话的负担,也不见得不是件好事,一个喜欢思考的人应该乐于和自己为伍。

□ 李敖声称将以 1500 倍人情报答胡适

台湾文化名人李敖特别喜欢骂人，但有三类人不骂，一是毛泽东，二是自己的父母，三是胡适。李敖不骂胡适，不是因为其父是胡适北大的学生，而是因为他知恩图报。李敖大学毕业后，给历史学家姚从吾做助教，经常被拖欠工资。于是，他给台湾"国家长期发展科学委员会"负责人胡适写了一封信，表示"抗议"，说自己已穷得"三条裤子进了当铺"。胡适收到信后，立即给李敖寄去 1000 元支票（这在 20 世纪 50 年代的台湾不是个小数目），并说这是送给他的。告诉他，来信中讲的问题将由执行秘书设法补救，并很客气地邀请他来家中玩。2005 年，李敖造访北大时表示要捐出 35 万人民币（约为 150 万新台币），给胡适立一座铜像。他称："胡适在我年轻穷困之际，曾给我 1000 元，今天我要以 1500 倍的人情来报答他！"

□ 李敖第一次坐牢独守"洞房"

李敖蹲过两次国民党的牢房。1972 年，他第一次入狱，先被关在警备总部军法处的独居小房里，整天过着四面面壁的生活。墙与地的交接线上,有一个小洞,长方形,长约30厘米,高约15厘米。每天三顿饭,就从小洞推进来;喝的水,装在5公升的塑胶桶里,也从小洞拖进来;购买日用品,借针线、借指甲刀、寄信、倒垃圾……统统经过小洞。甚至外面寄来的棉被,经检查后,也卷成一个长卷,从小洞塞进去。由于一切事情都要从小洞办,这个排名8号的小房,便成了李敖永世难忘的"洞房"。在"洞房"里,只要不下雨,李敖每天中午便和太阳"约一次会"。冬天来临时,太阳午后会从高窗下透进几块,像照X光一样,身体需要分区域才能照晒到。因"洞房"湿气太重,为防止关节炎加剧,李敖买了两刀稿纸糊墙壁。想当年,他针砭时弊,因言获罪,入狱后却用稿纸来挡风,颇有焚琴煮鹤的意味。

□ 周扬酷爱开会

许多领导同志工作之余都有一些爱好,周总理爱跳舞、看越剧,陈老总爱下围棋(路过上海机场停留几小时都叫棋友去下棋)。前全国文联主席周扬的业余爱好,好像除了开会就是变相开会的谈话。

1984年秋,周扬病势渐沉,躺在医院里起不来,脑血管障碍使他经常说错话。有一次王蒙去看他,告辞时另一探望者问王蒙何时在京西宾馆召开文艺座谈会,周扬眼睛一亮:"什么会?"口齿不再含糊,语言再无障碍,目光如电,恢复了严肃精明乃至有点严厉的表情。后来王蒙回忆说:"这是我最后一次在他清醒的时候与他见面,他突然一亮的目光令我终身难忘。"这道因"开会"亮起的目光,令王蒙刻骨铭心。

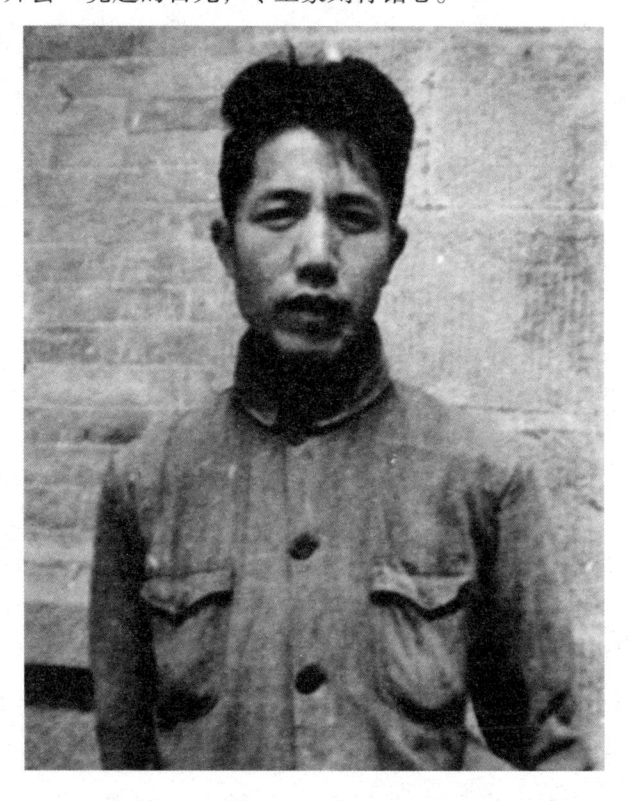

1940 年,时任延安鲁迅艺术学院院长的周扬

□ 丁聪的吹笛绝活

丁聪不只会画漫画,当年还有一手"绝活"在电影、话剧中频频隐身亮相:丁聪会吹笛子。当年在延安表演的话剧《兄妹开荒》,第一次赴港演出的《白毛女》都是他吹笛子当伴奏。"金嗓子"周璇在没出名前就与丁聪是好友,她出演的电影《清宫秘史》中的插曲由陈歌辛作词,笛子伴奏就是丁聪。"一缕缕御香缥缈,一盏盏宫灯闪耀",哀婉的唱词后面隐约可闻的笛声,正是出自多才多艺的"小丁"之口。

□ "宁可居无竹,不可食无肉"

丁聪87岁高龄时,仍满面红光,耳聪目明,走起路来步履轻快。曾有人问及养生之道,丁聪说:"无道。"他曾在一篇文章中写道:"我没有养生之道,也不吃什么补品,如果一定要归结到什么原因,我只能说是爹妈给的,这是先天因素,那么后天呢?我苦思冥想了半天,大概是有个好'饲养员'吧。'饲养员'就是我老伴,她做什么,我吃什么,从不挑食,我把蔬菜叫做'青饲料',我只吃'荤饲料'。"自称"食肉动物"的丁聪对素食不感兴趣，蔬菜与水果一概不吃。一次，有人求丁聪题写扇面，他取苏东坡诗句反其意而用，"宁可居无竹，不可食无肉"，传为笑谈。

□ 范用与丁聪相约"反饥饿"

在文化圈，出版家范用素来享有"三多先生"的美誉，即"书多，酒多，朋友多。"他的好友中，有朱光潜、冰心、巴金、叶圣陶、沈从文、汪曾祺、夏衍等文化巨匠。范用信奉朋友是无价之宝。他和丁聪有一条不成文的规矩，以西单到西四这条马路为界，上路西的馆

丁聪自画像

子,丁聪掏钱,上路东的馆子,范用付账。退休后,范用没有了"地盘"。后来三联书店在美术馆东侧盖了楼,开设门市,附设咖啡馆,范用又和丁聪相约今后在三联见面,看看书,喝杯茶,然后"反饥饿"。在他看来,"买不起书,饱看一通,也是'反饥饿'。"

□ 钱锺书质疑毛泽东的文章

20世纪50年代,凡是能参与翻译毛选的人在公众眼里都是很"牛"的。钱锺书先生便是其中之一。当钱先生的朋友们向他表示祝贺时,他却惶恐地表示这件事不好做,不求有功,但求无过。虽是这么说,但钱的翻译不仅效率高,做事快,而且总有令人佩服之处。

有一次,钱锺书在翻译时发现毛选中有段文字,说孙悟空钻进庞然大物牛魔王的肚里去了,觉得不对。熟读《西游记》的钱锺书坚持说,"孙猴儿从来未钻入牛魔王腹中"。这个情况汇报到胡乔木那,最终把所有的主要版本的《西游记》统统拿来核对,结果证明钱先生说对了,不是牛魔王而是铁扇公主。其实在这之前有很多人怀疑过这段话是否恰当,但由于是1942年毛泽东写的社论,很多人觉得根本碰不得,直到钱锺书毫无芥蒂地指出来。

□ 钱锺书帮猫打架

钱锺书先生一生爱猫。新中国成立初期,他养了一只猫,认为此猫有灵性,特别珍爱。平日里,猫与猫之间一旦相聚,便会打闹。钱锺书为此准备了一根长竹竿,无论春夏秋冬,只要听见自家的猫叫唤,他就急忙从被窝或房中出来,拿起竹竿去帮自己的爱猫打架。钱锺书因而获得了"护猫将军"的称号。

□ 王蒙逗巴金开心

20世纪90年代的一天,王蒙见巴金很沉郁,便"胡说八道"起来,说有"救国良策"。巴金一听,略为振作,询问了一句:"救国良策?"他还把"策"音念成了上声的"踩"。王蒙于是说:"我的救国良策是:第一,建议在广场举行现代舞大赛,优胜者可免费去西方发达国家旅游。第二,在文坛内部举行麻将大赛,谁赢了就让谁'领导'一年。"王蒙还转述冯骥才的话说:以后作协主席由作家们按大小个儿排队,挨个儿担任。冯骥才身高两米多,王蒙说他想当作协主席,已"昭然若揭"。事后,王蒙很后悔跟巴金说了这些不着边际的话，为此专门打电话向巴金的女儿小林检讨，小林说：那天是爸爸近年来最高兴的一天。

□ "改稿控"巴尔扎克

巴尔扎克是 19 世纪法国的伟大作家之一。他的创作速度很快，但他并没有因此放松对质量的要求。据说他修改作品时要求一定得按照他定下的规则打校样：纸张尺寸一定要非常大；原文只让印在中间的一小块地方，留出很多的空白留作修改。由于他的认真、仔细，通常给排字工人指导用的那些修改符号还不够用，他便用自己发明的符号。一篇作品修改完了，校样四周的空白处就画满了符号。如果空白处不够，他就在背面修改，有时修改的部分比原来的文章还要丰富。印刷所的工人接到他改过的校样，常常都惊叫连连。一校改了，二校、三校还得改，修改的校样，有时多至十五六次。即使这样，每部小说再版时，他还要重新修改，连细节也不肯放过。在小说《欧也妮·葛朗台》中，巴尔扎克对葛朗台性格的几处改动就让故事更加丰满，他对老葛朗台的财产数字也改过多次。

□ 普希金小说启发托尔斯泰

托尔斯泰对普希金的小说极为推崇，甚至认为比他的诗歌还要好。当他创作《安娜·卡列尼娜》这部小说时，想了几十种开头都不满意。一天，他那10岁的儿子谢辽沙给托尔斯泰的姑妈朗诵普希金的小说时，他顺手拿起书，刚念完第一句："客人们纷纷来到别墅……"托尔斯泰就赞不绝口地说："写作就应当是这个样子，普希金是我们的老师……要是换作别人，就会先把客人和房描绘一番，而普希金却开门见山。"于是他像得到天启似的，立即跑回去又修改了《安娜·卡列尼娜》的开头："奥布朗斯基家里，一切都混乱了，妻子发觉丈夫和他们家从前的一个法国女家庭教师有暧昧关系……"这就是《安娜·卡列尼娜》的真正开头。那句人人熟知的议论"幸福的家庭都是相似的，不幸的家庭各有各的不幸"，是托尔斯泰在正式出版时才加上去的。

□ 托尔斯泰最满意自己做的靴子

俄国著名作家托尔斯泰身为贵族，却过着自食其力的生活,在普通劳动者中间度过残年。他一生信奉"劳动,只有在劳动中才包含着真正的幸福"。一次,有人"嘲讽"托尔斯泰说:你除了会写小说还能干什么?当时已年近花甲的托尔斯泰,为了回应朋友的调侃,回家后便亲手制作了一双牛皮靴送给了大女婿苏霍京。当时《托尔斯泰文集》已经出版了十二卷,苏霍京于是给这双皮靴贴上标签"第十三卷"。此举在文化圈里立刻传为佳话,托翁知道后大笑说:"那是我自己最喜欢的一卷。"托尔斯泰乘兴又做了一双靴子送给了好友、诗人费特。费特灵机一动,当即付给托尔斯泰6卢布,并开了一张收据:"《战争与和平》的作者列夫·托尔斯泰伯爵,按鄙人订货,制成皮靴一双,厚底、矮跟。今年1月8日他将此靴送来我家,为此收到鄙人付费6卢布。从翌日起鄙人即开始穿用,足以说明此靴手工之佳。空口无凭,立字为证。1885年1月15日。"

□ 萧伯纳求婚

萧伯纳年轻时喜欢骑单车,有一次跌断腿骨住进了医院,他的女同学很体贴地照料他。萧伯纳担心自己意志不坚,会向这位女同学求婚,于是决定溜走。可是不小心从楼梯上跌到楼梯下,两条腿都跌坏了。结果,当他问她肯不肯跟自己结婚,女同学果然点头时,萧伯纳昏了过去。

□ 泰戈尔喜爱西泠印社印章

印度诗人泰戈尔是亚洲第一位诺贝尔文学奖获得者。1924年春夏之交,应梁启超、蔡元培之邀,他来中国访问。4月15日,泰戈尔在杭州灵隐寺演讲。饱览杭州湖光山色之余,泰戈尔在徐志摩等人陪同下,造访西泠印社。西泠印社的艺术家以一枚刻有"泰戈尔"三字的印章相赠,令他感动不已。5月7日,北京,泰戈尔64岁寿辰,梁启超为泰戈尔取中文名为"竺震旦",随后委托西泠印社金石专家精制了两方名章,以为赠礼。泰戈尔回国后,其书房的墙上挂上了两幅中国山水画,画有松荫亭榭、小桥流水,亭中有几位老翁执卷闲坐。这是泰戈尔从西泠印社之行中带回的数10幅画作中的两幅。

□ 幽默大师马克·吐温取笑法国人

美国幽默大师马克·吐温曾被法国人取笑说美国历史很短:"美国人在无事闲暇时,往往爱想念他们的祖先，可是一想到他们祖父一代就不能不停止。"马克·吐温立马回敬道："法国人没事的时候，总是想弄清他们的父亲是谁，可每次都很难弄清。"

□ 川端康成透支诺贝尔文学奖奖金

川端康成是一位借债老手。1922年的一天，川端康成来到日本小说家菊池宽家里。菊池宽独自在棋盘边自己与自己下象棋，川端康成呆坐了1个多小时后，才冷不丁地对菊池宽说："我需要200元。"菊池宽问什么时候需要，"今天"，川端康成答。菊池宽一脸无奈地掏出

川端康成与日本著名影星吉永小百合在电影《伊豆舞女》拍摄现场

钱包，给他用10日元的钞票凑了200日元，川端康成拿到钱马上就走了。当时的200日元相当于今天的100多万日元。对于金钱的花费，川端康成最大的特色是寅吃卯粮。他得知自己获得了1968年诺贝尔文学奖后，立马毫不犹豫地买下了价值7000万日元的富冈铁斋的屏风，又花了1000万日元买了古坟时代陪葬俑的头，总共买了近1亿日元的艺术品和古玩。他明明知道诺贝尔奖奖金只有2000万日元，却寅吃卯粮地买了5倍于此的物品。

□ 鱼子酱换来的优先刊载权

赫鲁晓夫执政时期，赫鲁晓夫的女婿阿朱别伊担任《消息报》总编。当他听说英国《泰晤士报》抢到了喜剧大师卓别林《自传》部分章节的优先刊载权后，马上打电话给卓别林，为《消息报》争取发表《自传》的机会。卓别林笑称，给他寄来俄国上好的鱼子酱，就会考虑阿朱别伊的要求。第二天，卓别林喜出望外地在自己的餐桌上品尝到了阿朱别伊呈上的美味鱼子酱，他立刻将《自传》的书稿寄给《消息报》。俄国鱼子酱就这样帮助《消息报》抢先一步登载了卓别林的传记。

□ 文坛隐士塞林格

塞林格以"文坛隐士"著称。一次,他看到自己的照片被印到了《麦田里的守望者》的封面上,他立刻让编辑撤了下来,称"觉得作呕"。他还让助手把粉丝们的来信都烧掉。自20世纪60年代开始,塞林格就从曼哈顿繁华大街上的公寓搬到了小镇科尼什一座小山丘的农场上,彻底把文坛丢到了身后。50多年里,每逢有外面的人来找塞林格,当地人和塞林格的友邻都齐力掩护作家住处的具体位置。因为在他们看来,保护作家那真是"最好玩的阴谋"。在一个商店里,店员们每年都用同样的方法戏弄那些来找大作家的人:把他们骗到杂草丛里去。

□ 科波拉与他的"粉丝"卢卡斯

拍摄《教父》和《现代启示录》的导演科波拉人高马大,满脸络腮胡子,动作笨拙,像头笨熊,这个总是自称"7岁大的孩子",在别人眼里,却是激情四溢的天才。他21岁开始执导电影,崇拜他的人包括当时在南加州大学读书的乔治·卢卡斯,《星球大战》是其成名作。一天，卢卡斯穿着一身皱巴巴的衣服，来到科波拉的片场，生性羞涩的他在科波拉面前却完全放松，大谈特谈电影。那段时间，卢卡斯与科波拉形影不离，当科波拉在家请客的时候，卢卡斯充当伙计默默上菜。以致科波拉向制片人推荐卢卡斯的剧本，首先会强调卢卡斯的听话和服从："我走到哪，他跟到哪。"远在拍《教父》之前，科波拉身边就聚集着一群热情活泼的年轻人，他们甚至没有报酬也为他卖命，因为他们相信科波拉可以给他们带来理想。

弗朗西斯·科波拉（右）与黑泽明（左）在一起

□ 蒙娜丽莎神秘微笑的玄机

收藏在法国卢浮宫的世界名画《蒙娜丽莎》，从不同角度欣赏，会呈现出些许微妙的变化，仿佛画中的她，拥有真实的生命，特别是那神秘的微笑，让无数艺术爱好者为之痴迷。最近，法国科学家表示运用X射线荧光光谱分析设备，找到了蒙娜丽莎神秘微笑背后的玄机。研究人员发现，《蒙娜丽莎》至少包括了30层以上的涂层。尽管如此，画作的总厚度却不超过40微米，相当于人体头发的一半厚度。这种叫做"层次渲染"的手法，其实在达·芬奇之前，文艺复兴早期的艺术家已经使用过。但是，达·芬奇将这种手法推向了顶峰。此外，研究人员还发现，在制造蒙娜丽莎微笑阴影时，达·芬奇使用了氧化锰，而非一贯使用的铜，这可能正是给蒙娜丽莎的微笑，制造出活化效果的另一个关键因素。甄选的颜料，精细的绘制，这也解释了为何当时社会名流们，邀请达·芬奇作画，往往耗时极长。

散落的历史

● 学林

□ 辜鸿铭给光绪皇帝写祝寿诗

1885年，留学归来的辜鸿铭进入湖广总督张之洞的幕府担任"洋文案"即外文秘书。某一年光绪大寿，作为疆臣表率、清流领袖的张之洞自然要好好表现一番。张之洞在湖北大肆庆贺，花钱无数，这还不算，他还编了一首"爱国歌"宣扬忠君爱国，向朝廷献媚。辜鸿铭对此不以为然，他说既然是爱国歌那就得用老百姓耳熟能详的民歌的形式，于是张之洞的心腹梁鼎芬便让他作一首。辜鸿铭心中早有腹稿，随口吟出："天子万年，百姓花钱。万寿无疆，百姓遭殃。"

□ 狂狷辜鸿铭

袁世凯筹备"参政院"时，以为辜鸿铭是帝制派，便拉他当了议员，他即刻拿着贿银300大洋，直奔八大胡同放浪形骸，散尽银两，仰天长笑而去。洪宪称帝，他在北大课堂，破口大骂了一堂课。袁氏呜呼哀哉，全国举丧三天，他却在家锣鼓喧天地大唱三天堂会。军警寻声问罪，见院内洋人甚多，悻悻而退。一次他应邀赴一宴会，席间政要、洋人高谈阔论，纵论时局，他不屑一顾,玉盘珍馐,大快朵颐。一洋记者趋前请教辜鸿铭治理中国时局良策,他旁若无人,把长辫往后一甩,朗声道:"杀掉这里的政客和洋人!"顿时满桌失色。

□ 辜鸿铭建议西方人到八大胡同研究中国文化

辜鸿铭曾劝西方人若想研究真正的中国文化,不妨去逛逛八大胡同。因为从那里的歌女身上,可以看到中国女性的端庄、羞怯和优美。对此,林语堂说:"辜鸿铭并没有大错,因为那些歌女,像日本的艺妓一样,还会脸红,而近代的女大学生已经不会了。"

辜鸿铭与他的日籍小妾吉田贞子(中)

□ 李四光名字缘于将错就错

李四光原名李仲揆。1902年,他到武昌一所高等小学堂报考,在填写报名单时,他把年龄"十四"错写在姓名栏下了。怎么办呢?抬头思索时,他无意间发现学堂大殿上挂着一块"光被四表"的横匾,觉得这匾写得不错,突发灵感。他将错就错,把"十"字改成"李"字,在四的后面添了个"光"字。改过之后,他满意地说:"四光,四面光明,前途是有希望的。"果然,他顺利地考上了这所高等小学堂,后又被保送到英国官费留学,最后成了著名的地质学家。"仲揆"后来成了他的字。

□ 蔡元培七辞北京大学校长

从1916年到1927年10年间,北洋政府总统换了5个,临时代行总统职权的也有3人,内阁总理更是换了30多人,而蔡元培却一直是北大校长。10年间,蔡元培七辞校长都没辞成。第一次辞职是1917年7月,因为张勋复辟的缘故;第二次是1918年5月,因为北大学生反对《中日共同防敌军事协定》到北洋政府请愿,蔡元培劝说不成;第三次是1919年5月,因为"五四运动"

中北洋政府逮捕北大学生；第四次是1919年12月，因为北大教员不信任教育部，全部停止工作；第五次是1922年10月，北大学生因为讲义收费而闹事，蔡元培愤而辞职；第六次是1923年1月，曾在北大任教的教育总长罗文干含冤被捕，蔡元培为抗议而辞职，并出走欧洲，由蒋梦麟代理职务；第七次是1926年6月，蔡元培从欧洲回国后，再次提出辞职，仍没被批准。直到1927年张作霖改北大为京师大学校，蔡元培名义上的校长职务才被取消。

□ 国学大师章太炎不懂新式标点

1919年，新文化旗手胡适出版了《中国哲学史大纲》，书中采用了当时刚刚开始使用的新式标点。不久，胡适送了一本给国学大师章太炎，恭敬地写上"太炎先生指谬"，下署"胡适敬赠"，并在两个人的名字右边，各加了一条黑线，这黑线是当年新式标点表明人名的一种符号。不料，太炎先生闹不懂这条黑线符号是什么意思，当看到自己的姓名右边多出一道黑线时，禁不住大骂："何物胡适！竟敢在我的名上，胡抹乱划！"待看到胡适的名字右边也有一道黑线时，才释然道："原来他的名字旁也有一道，姑且互相抵消了吧！"

□ 章太炎挥毫抄写《讨袁世凯檄》

国学大家章太炎在上海居住时主要收入是靠卖字，他不登广告，所以平时来求字的人很少，以致经济窘迫。1929年中秋，房东吵上门来收租，说章家积欠房租20个月，逼着要他迁出。夫人汤国梨潸然泪下，章太炎本人竟毫不介意。后在好友帮助下，他们才"躲过一劫"，并得以迁居同孚路同福里25号。出乎意料的是，章太炎不久竟发了一笔财。一天，国民党元老冯自由登门拜访，请章太炎抄写两件东西：一件是孙中山的《中华民国政府成立宣言》，另一件是《讨袁世凯檄》。这两件原稿，本是章太炎撰写的，冯自由要求他亲笔再各写一件，作为"历史文献"存档，并送了润笔费20大洋。此事一出，许多人慕名而来，纷纷求章太炎再写这两件原文，共有五六十份之多，润笔费也到了40至200大洋不等。章太炎抱定宗旨"口不言钱"，经常由夫人或弟子应付。写到10件时，章太炎就恼怒了，再也不肯动笔。经夫人横劝直劝，他只是不出声。章夫人后来想出一个办法，原来章太炎平日吸的都是廉价的金鼠牌香烟，有一次人家送他一罐茄力克香烟，章太炎称它为"外国金鼠"，时常吵着要吸。章夫人就许诺他每写一件，便买一罐茄力克香烟给他。章太炎听后，果然很自觉地又开始抄写《讨袁世凯檄》了。

章太炎在日本时留影

□ 章太炎题字

章太炎写得一手好字，世人无不想得其片纸。然而章太炎脾气古怪，并不轻易赏字于人，于是他的墨迹愈发显得珍贵。当时上海有一位画家名叫钱化佛，很善于投其所好，哄他开心，因此从章太炎那里讨得不少真迹。章太炎最喜欢吃带有臭味的卤制品，尤其是臭豆腐。一次，钱化佛带来一包紫黑色的臭鸡蛋，章太炎见后欣然大乐，当时桌上有支笔，他深知钱的来意，就问："你要写什么，只管讲。"钱化佛立即拿出预备好的几张斗方白纸，每张要写"五族共和"四个字，而且落款要用"章太炎"三字。章太炎倒也爽快，不出一声，一挥而就。隔了两天，钱化佛又带来一罐臭得出奇的苋菜梗。章太炎乐不可支，对钱说："有纸只管拿出来写。"钱仍要求写"五族共和"四字，这一回章太炎竟一口气写了40多张。后来钱又带来过不少臭花生、臭冬瓜等东西，章太炎自然回回慷慨赐字，前前后后共计100余张，却从来不问这些字有何用处。原来，上海一家番菜馆新到一种"五色旗"酒，此酒倒出来时十分浑浊，沉淀几分钟后，就变成红黄蓝白黑五色，这在当时十分轰动。钱化佛灵机一动，想出做一种"五族共和"的封条，汉文请章太炎写，裱好之后，就挂在番菜馆中，以每条10块大洋售出，竟然卖到脱销。钱化佛也因此大赚了一笔。

胡适试探孙中山

胡适曾经认为,孙中山虽然能说会道,但实际怕只是个"孙大炮"——学问不深,只会吹牛。一次,胡适去拜访孙中山,见屋里满架的书,心中疑惑他是否真的看过,就趁孙中山暂离之机,迅速从书架上抽出一本,打开翻看才发现,几乎每一页上都有圈圈点点,连续浏览了几本书,册册如此。胡适很惭愧,后来他说:"孙先生可是一门不可轻视的实炮。"

胡适预言竺可桢活不过20岁

竺可桢曾和胡适在上海的澄衷学堂做过3年同学,因为竺可桢老是一副病病歪歪的样子,胡适就预言他活不过20岁。1910年9月,两人在美国邮轮"中国皇后"号上邂逅。"呀,这不是胡洪骍吗?""呦,是竺可桢呀!你怎么还没死呀?""这还得感谢你啊。想当年你说我活不过20岁,弄得我天天游泳、跑步,操练不辍,而且一直在心里想,我一定要活得比你胡洪骍长。将来到底谁先死还难说呢!"此时的竺可桢已20岁半,可胡适不认输,又预测说:"但看你的形容,你无论如何活不过花甲，更不可能比我还长寿！"竺可桢笑着对胡适说："那我们来打个赌怎么样？我活过了60岁怎么样？那我比你活得长又怎么样？"胡适说："好吧，你要是活到了60岁，我在你的寿筵上当着你所有亲友的面给你磕三个响头；你要是比我活得长，你可以在我尸体的屁股上踢一脚！怎么样？"后来，竺可桢活到了84岁，而胡适自己却仅活到72岁。

1948年6月15日，北大校长胡适与出席泰戈尔画展的来宾在孑民堂前留影。前排右五徐悲鸿，右六胡适，左一季羡林，左二黎锦熙，左三朱光潜；第二排左三饶毓泰，左七郑天挺，左八冯友兰，左九廖静文；第三排左五邓广铭

□ 胡适资助林语堂

胡适自1917年8月到北大任教后，受命为北大引进人才。1918年，林语堂在《新青年》杂志上发表了《汉字索引制说明》和《论"汉字索引制"及西洋文学》两篇文章，引起了胡适的注意，他很想把林语堂"挖"进北大。当胡适得知林语堂只申请到每月40美元的半额留美奖学金并且还是与妻子共用时，胡适便以北大的名义每月资助林语堂40美元，条件是林语堂学成归国后到北大任教。当时北大是新文化运动的大本营，林语堂早就仰慕已久，所以就痛快地答应了胡适。留学海外4年，北大每月资助的40美元使林语堂躲过了许多窘境，对此，林语堂深怀感激。1923年回国后，他一到北大就向校长蒋梦麟道谢，蒋被弄得莫名其妙。原来，北大校方并没有出钱资助林语堂，而是胡适本人求贤若渴，为挖到林语堂这个人才，私掏腰包资助了林语堂4年。知道真相后的林语堂大为感动，并在年底将这笔钱悉数归还胡适。

□ 胡适与梁启超谁学问更渊博

1956年,毛泽东提出"双百方针"——百花齐放,百家争鸣。当时胡适正在美国,他的小同乡唐德刚问他:"百家争鸣,人人都知道;百花齐放,出自何典?"胡适顺口就回答说:"《镜花缘》。"唐德刚在回忆了这段往事后感慨胡适老师"真是渊博"。有人的学问比胡适还渊博,那就是梁启超。刘海粟在回忆梁启超的一篇文章里曾记了这样一件趣事:1925年,刘在北京,参加过新月社的一次聚餐会。当时与会者有梁启超、胡适、徐志摩、闻一多、姚茫父、王梦白等人。酒席上觥筹交错,胡适忽然说道:"中国古诗很多,诗人都吃肉,就是没有人写过猪。这个畜生没有人写过诗。"梁启超听了,不以为然,随口举出乾隆的"夕阳芳草见游猪"来反驳。

□ 胡适不喜欢在室内脱鞋子

1958年,胡适从美国回台接掌中研院,他的生活十分简朴,"但求屋瓦不漏,衣着和暖,食堪温饱。"白天胡适忙着会客、开会、演讲,只有到晚上11点之后,夜深人静时,他才开始阅读、写作、处理公务,常忙到凌晨三四点，生活秩序有点黑白颠倒。如果说有那么一点点奢侈的话，那就是他穿的鞋子必须用上好的皮革订制。胡适不喜欢在室内脱鞋子，即使走在日式塌塌米上也坚持不脱。这一点，不像殷海光。殷海光平日里总是不系鞋带，认为这样进入日式房屋便于脱鞋。从性格上看，胡适较殷海光要严谨有序得多，但在鞋子问题上却比殷海光固执得多，尽管胡接受西洋教育，赞同西化，骨子里却很传统。

□ 爱当月老的胡适

胡适平生爱好颇多，其一大爱好就是当月老，玉成好事，经其撮合而成的有赵元任夫妇、徐志摩夫妇、沈从文夫妇、千家驹夫妇等等。就拿沈从文夫妇来说吧：在北大任教时，沈从文喜欢上了他的学生张兆和，于是便天天给张兆和写情书，但张兆和根本不当回事，后来烦了，便去向校长胡适告状。胡适说："沈从文崇拜你崇拜到了极点。"张兆和对此并不买账，说："我顽固地不爱他！"胡适却回答："我却知道他顽固地爱你！"尽管胡适一直帮沈从文说好话，可张兆和就是不松口，说这样的人太多，没办法一一应付，否则无法读书。张兆和当即就要把书信全部退回去，胡适劝阻了，让她先存放着，和沈从文先交往交往再说。后来，一来二去地，两人就在一起了。

胡适在台大

□ 胡适论"怕太太"

胡适属兔，他的夫人江东秀属虎，胡适常开玩笑说："兔子怕虎。"当时就流传出了胡适怕老婆的笑话。有一次，巴黎的朋友寄给胡适十几个法国的古铜币，因钱有"PTT"三个字母，读起来谐音正巧为"怕太太"。

胡适与几个怕太太的朋友开玩笑说："如果成立一个怕太太协会，这些铜币正好用来做会员的证章。"

□ 没有胡适的思想，就没有胡适

晚年的胡适对来自海峡两岸的批胡"炮声"，处之泰然。自1925年起他就开始习惯被人骂，反而"成了一个不怕骂的人。有时见人骂我，反使我感觉我还保留了一点招骂的骨气在自己人格里，还不算老朽。"当大陆"大鸣大放"时，北京曾派人向美国的胡适带话说："我们尊重胡先生的人格，我们反对的不过是胡先生的思想。"胡适听后大笑说："没有胡适的思想，就没有胡适。"的确，一旦把胡适的思想批倒批臭，又怎么能让人尊重他的人格。

□ 陈独秀照相嫌梁漱溟伸脚太长

1918年北大中国哲学门（系）毕业时，师生一起照相留念。老师坐在前排，学生们站在后排。陈独秀作为文科学长，恰好与该系讲师梁漱溟坐在一起。梁漱溟很谨慎，把脚收起来放在椅子下面。陈独秀很随便，把脚一直伸到梁漱溟的前面。照片洗出来后，班长把合影照片给陈独秀送去。陈独秀一看，说："照得很好，就是梁（漱溟）先生的脚伸得太远了一点儿。"班长说："这是您的脚。"陈独秀再仔细一看，果真如此，不由得笑了起来。

□ 陈独秀为争一字几乎动武

1933年陈独秀被国民政府以"以文字为叛国之宣传"的罪名判处有期徒刑13年，被关进了南京老虎桥监狱。入狱后，他潜心研究文字学。江苏南通有一位姓程的老先生，也是研究文字学的，因慕陈独秀之名，特地来监狱看他。两人一见如故、互道钦佩，交换著作、文稿，然后侃侃而谈。

起初两人还是心平气和，各抒己见。突然，为了一个"父"字的解释，双方激烈地争论起来。陈独秀说："'父'字明明是画着一个人，以手执杖，指挥人家行事。"而那位程老先生说："'父'字明明是捧着一盆火，教人炊饭。"两人高声大叫，拍桌对骂，几乎动武。

□ 张竞生第一次提出"计划生育"

1920年，"中国第一性学家"张竞生留学归来，见广州内外饥民如蚁，人满为患，痛感中国之贫弱与滥生滥育有关，遂上书陈炯明说："一国的强盛，不在人口繁多，而在于人人都是有人的资格。"他认为应严格实行一夫一妻制，每对夫妇只准生两个孩子，超过受罚。不料，此提议却戳中了陈炯明的痛处——陈不仅妻妾成群，孩子也有20多个。陈因此对左右笑道："此公大概有神经病吧。"这是张竞生提倡节育避孕初次受挫。

□ 梁启超与蒋百里互为对方作序

梁启超是蒋百里的老师，二人亦师亦友，关系十分密切，但政治观点上却相左，经常激烈争论。有人对此不解，蒋引用亚里士多德的话曰："吾爱吾师，吾更爱真理。"两人的争论丝毫不影响感情，梁启超也是出了名的豁达。1920年，蒋百里从欧洲归来，写了近5万字的《欧洲文艺复兴史》一书，请梁启超作序，梁看了非常赞赏，下笔就没了定数，写完一看，有5万多字，居然比原作还长——天下没有这样的序，梁只好另作一序。原来那篇长序干脆充实为另一本书发表，名字叫《清代学术概论》，这序呢，就请蒋百里来写，遂成佳话。

□ 梁启超送泰戈尔中国笔名"竺震旦"

印度大诗人泰戈尔,一生写了50部以上的诗集,12部中长篇小说,所用的都是罗宾德罗纳特·泰戈尔这个响亮的名字,有趣的是,这个不用笔名的作家,晚年却有一个中国笔名:竺震旦。1924年5月8日,泰戈尔64岁生日时正在中国访问讲学,北京"讲学社"为他举办了一次别开生面的祝寿活动。其中一项重要内容是由博学的梁启超为他取一个中国笔名。梁启超根据泰戈尔的全名中隐含的"太阳"和"雷"的意思引伸为"如日上升"和"如雷之震",先取下了"震旦"两字;又依据中国古时称印度为"天竺",定姓为"竺"。于是"竺震旦"这个笔名便问世了。泰戈尔听完解释高兴得笑逐颜开,欣然接受了祝寿会赠予的由名家篆刻的"竺震旦"大印章,认可了这个中国化的笔名。

□ 梁启超的证婚词

徐志摩与陆小曼的婚姻可谓好事多磨,既有来自社会上的压力,也有来自双方家庭的压力。在胡适的游说下，双方家庭才有条件地同意他们结婚，条件是：胡适作介绍人，梁启超证婚。当时，梁启超对他们的婚姻很不赞同，在胡适与梁启超的父亲出面说项的情况下，梁启超才勉强答应证婚。在婚礼上，梁启超说："徐志摩，你这个人性情浮躁，所以在学问上没有成就……你们两人都是过来人，离过婚又重新结婚，都是用情不专。以后要痛自悔悟，重新做人。总之，我希望这是你们两个人这一辈子最后一次结婚！"如此痛快淋漓地臭骂新人的证婚词，可以说是前无古人，来者难追了。

□ 梁氏三子都和房子打交道

梁启超子女九个，竟有三个成为院士。其中，梁思成（建筑专家）、梁思永（考古学家）兄弟俩同时于1948年3月当选为"中研院"第一届院士（人文组），梁思忠抗战时是十九路军炮兵上校。梁启超的继室王桂荃与外孙闲话家常时，曾经妙语评价三个儿子："你们二舅思成学建筑，要造房子；四舅思忠学军事，免不了要毁房子；房子毁了，埋进地下，三舅思永又要去挖地底的房子。他们一造，一毁，一挖，三个人都出在一家，你们看多有意思。"

1905年梁启超与儿子梁思永、梁思成、女儿梁思顺（从左至右）的合影

□ 议员多变财政官

1923年4月18日，邵飘萍在《京报》刊登了一篇嘲笑议员和官僚们蛇鼠一窝、贿赂公行的文章，题目叫《议员多变财政官》，嬉笑怒骂，极尽讽刺挖苦之能事，其文曰：

犹忆去年陶文泉强奸儿媳，其媳妇呈文中述陶强奸时言，曰："不要生气，多给钱花！"此名言也。今日政治中人，能免为陶媳者有几？

尤甚者为议员诸公，观于命令中屡屡发表，阁议中屡屡决定者，窃议皆陶媳也。昨日之阁议，又有一个重庆关监督余绍琴先生产出矣。呜呼！"不要生气，多给钱花！"

昨日我问张敬舆，保定对于国会怎样？张半晌答曰："对于国会的机关，当然是很尊重的……"请议员诸公为敬舆下一转语。呜呼！"不要生气，多给钱花，多给钱花！"

□ 刘半农以身试骂

刘半农是"五四"新文化运动先驱之一，他提倡俗文学。为编写"骂人专辑"，刘半农特意在《北京晨报》上刊登启事，征求"国骂"，并不惜以身试骂。先是语言学家赵元任用湖南、四川、安徽等地的方言将他骂了一顿又一顿，随后周作人也用绍兴话将他痛骂一番，待到他去上课时，学生们也在课堂上用各种方言轮流骂他。

□ 王闿运嫁女

王闿运是中国近代著名学者,也是晚清第一流名家,精通"功名之学、诗文之学、帝王之学"。他一生著述颇丰,有《湘军志》、《湘绮楼文集》等。王闿运长女出嫁之日,迎亲的队伍都到了大门口,王却令其背诵《离骚》,新娘背错数字,王用手指戳着女儿的额头训斥。此女自幼饱读诗书,文采风流不让须眉,嫁给了黄十一。黄才学不如老婆,又妒忌又气愤,于是不准她读书写字,一旦违背这个规矩,就遭鞭子抽打。女儿感到非常屈辱,实在忍受不了了,写信向父亲诉苦。王回信说:"有婿如此,不如为娼。"黄十一看到这信,火冒三丈,拿着到处宣扬,说"我岳父居然叫我老婆去做娼妓"。于是,王闿运这句话也就世人皆知了。

□ 赵元任新式婚礼挑战世俗

赵元任的夫人杨步伟出身皖南望族,赵家也是天津的大家族,但他们1921年的婚礼却是蓄意向世俗的一场挑战。他们先到中山公园当年定情的地方照张相,然后把照片和"结婚通知书"一起寄给亲友,一共寄了四百份左右。照片上写的格言是:"阳明格言:知是行之始,行是知之成;丹书之言:敬胜怠者昌,怠胜敬者灭。"结婚证书上他们自己写:"赵元任博士和杨步伟女医士十分恭敬地对朋友们和亲戚们送呈这份临时的通知书,告诉诸位:他们两人在这信未到之先,已经在1921年6月1日下午3点钟,东经百二十度平均太阳标准时,在北京自主结婚。"并且声明:除了两个例外,贺礼绝对不收,例外一是书信、诗文,或音乐曲谱等,例外二是捐给中国科学社。"

当天下午,赵元任把好友胡适和杨步伟在医院工作时的同事朱徵请到家中,由杨步伟掌勺,做了四碟四碗家常菜宴请两位证婚人。然后赵元任从抽屉中取出结婚

清华大学国学院最年轻的导师、语言学家赵元任

证书，新郎新娘先签名，接着两位证婚人也签名，还贴了4角钱印花税，就这样完成了简单而浪漫的婚礼。

□ 柳亚子面责蒋介石

柳亚子是坚定的国民党左派，1926年5月，在国民党的二届二中全会上，他当面责问蒋介石："到底是总理的信徒，还是总理的叛徒？如果是总理的信徒，就应当切实地执行三大政策。"说得蒋介石面红耳赤，默不作声。1927年，蒋介石发动"四·一二"政变，于5月8日夜派军队逮捕柳亚子。匆忙中，柳亚子躲到居室的夹墙里，耳听到外间士兵们的喝骂和翻检声，自料不能幸免。但是，搜捕者居然没有发现他。几天后，柳亚子变服改装，流亡日本。

□ 罗家伦在清华大学搞军训

1928年，罗家伦被任命为清华大学校长。罗是一个党派意识很强的知识分子，为了强化管理，他对学生实行军训，并提出统一着装、按时作息、早晚点名，无故缺席要记小过一次等要求。为了以身作则，他每天早上都要身穿军服，脚蹬马靴，与学生一起出操。后来成为著名逻辑学家的沈有鼎当时是清华的学生,他一向自由散漫,经常不上早操。按罗校长的规定,3次小过合1次大过,记三次大过就开除学籍。眼看自己记小过已8次,再记一次就要被开除了,沈有鼎正在发愁,恰好冬天来临,早操在大家的抵制下被取消,他才躲过一劫。著名哲学家张岱年当年刚刚考入清华,因为受不了早操制约,转学到了北京师范大学。由于罗家伦作风专断,不尊重师生意见,引发"驱罗"运动,1930年他被迫辞职。

罗家伦在清华大学时留影。前排左起:叶企孙、潘光旦、罗家伦、梅贻琦、冯友兰、朱自清,后排左二浦薛凤,左三陈岱孙,左四顾毓琇

□ 钱穆为防学生退学故意"不挂科"

1930年秋，36岁的钱穆北上北平，担任燕京大学讲师，为大一、大二学生讲授国文。学生们喜欢钱穆老师，钱穆老师也非常爱护学生。在第一次月终考试中，钱穆按照在中学教书时的习惯给学生批分数，当中自然有不及格的。然而，他很快被学生告知，新生月考不及格就要被学校退学。他马上与校方交涉，也不管是否因此得罪主事的领导，也不管是否因此坏了燕京大学的规矩，总而言之，他最终争取到重新批分数，使得全班没有一个学生退学。

□ 钱穆提名"未名湖"

1930年，国学大师钱穆应邀进入燕京大学任教。一天，燕大监督司徒雷登在自己的家里设宴招待新同事。司徒雷登名为监督，实则燕大校务全由他一人主持，教育部规定校长必须任用中国人，只是徒有虚名而已。司徒雷登问大家到校后的印象，钱穆直言不讳地说，听说燕大是中国教会大学中最中国化的，现在看来不是这样，进入校门就看见"M"楼、"S"楼（以美国捐资人姓名首字母命名），这是什么意思？哪有什么中国化？应该用中国名称才对。满座默然。司徒雷登从善如流，于是，改"M"楼为"穆"楼，"S"楼为"适"楼，"贝公"楼为"办公"楼，其他建筑一律赋以中国名称。园中有一湖，景色绝佳，大家竞相命名，但都不满意，最后干脆取名"未名湖"。

□ 民进党逼钱穆搬家

晚年的钱穆居住在台北市东吴大学校园内的素书楼，这栋建筑原是蒋介石礼贤下士，协调用地供钱穆长期居住的住所。时空变迁，后来产权由"阳明山管理局"转移到台北市政府名下。1989年，民进党台北市议员质疑，钱穆住所是台北市政府财产，却无租赁契约，又没有优待条例可供适用，形同被占用。民进党人士纷纷要求95岁高龄的钱穆限期搬家，时任"立法委员"的陈水扁也在"立法院"提出质询，要求市府尽速收回公产，并以"侵占市产"为由，点名批评钱穆，给国民党政府与钱穆带来相当大的压力与羞辱。民进党对于收回素书楼之后的用途，可笑又可悲的主张之一是，改设钱穆纪念馆。

□ 费孝通博士毕业论文答辩边喝酒边谈

1936年,费孝通考取了清华公费留学资格,前往英国留学。1939年春,他写成论文《中国农民的生活》,作为博士论文提交给伦敦大学专门的考试委员会。他的论文答辩很奇特,考官只有一个,罗斯爵士;地点是费孝通的导师马林诺夫斯基家里,考试的过程就是喝酒。答辩一开始,罗斯爵士首先举杯向马林诺夫斯基道喜,祝贺他的学生在学术上作出了贡献。随后边喝边谈,话题很随意也很宽广。最后,还是马林诺夫斯基想起该办的手续,于是请罗斯爵士在一张非常考究的学位审定书上签字,并再喝一杯酒祝论文答辩圆满结束。就这样,费孝通完成了论文答辩,获得了博士学位。而他的这篇博士论文后来以《江村经济》为名出版,被国内外许多大学的社会人类学系列为学生必读参考书。

□《何日君再来》为何被禁

《何日君再来》这首歌诞生于1938年,后来成了电影《三星伴月》的插曲,由女主角周璇在片中演唱,很快就在街头巷尾流行起来。抗日战争爆发后,被日本人打造成"中国人"的日本女歌手李香兰(原名山口淑子)开始在大陆走红。李香兰除了用中文演唱《何日君再来》外,还译成日文。日文版的《何日君再来》流传到日本军营,居然也受到热烈欢迎,人人争唱。可惜好景不长,没有多久,中、日版的《何日君再来》都收到了日本检查机关的禁唱令。日文版禁唱的理由是那种缠绵的靡靡之音会使日军军纪松懈,至于日本政府在中国

《何日君再来》最初的演唱者、
民国时期上海著名歌星、影星周璇

占领区里封杀中文版的《何日君再来》,主要是怀疑中国老百姓以这首歌期待中国军队反攻,解救他们。到了抗战末期,在南京、上海一带的日本军队,知道自己要打败仗了,但又败得不甘心,于是把《何日君再来》窜改成了《贺"日军"再来》!日军窜改歌词的事件,很快被反映到当时的大后方陪都重庆。蒋介石很生气,亲自下令全国禁唱这首歌,唱片公司将没有卖出的唱片统统收回销毁,广播电台也不准再播放这首歌。

□ 张奚若痛斥蒋介石

西南联大时期,有一次张奚若去参加国民参政会,他发言抨击国民党的腐败和蒋介石的独裁。蒋打断他的发言插话说:"欢迎提意见,但别太刻薄!"张奚若一怒之下拂袖而去。下次参政会再开会时,他接到寄来的通知函和路费,当即回一电报:"无政可议,路费退回。"从此再不出席国民参政会。

□ 陈寅恪的上课原则

陈寅恪是中国当代著名的国学大师、历史学家、语言学家,其治学精神足为学人典范。抗战时期,陈寅恪在西南联大任教时,他提出了自己的上课原则——"四不讲",即"前人讲过的,我不讲;近人讲过的,我不讲;外国人讲过的,我不讲;我自己讲过的,也不讲。现在只讲未曾有人讲过的。"

□ 倔强陈寅恪给康生吃闭门羹

陈寅恪的倔脾气是出了名的,即使是像陈毅、郭沫若、胡乔木、章士钊、竺可桢等名流政要来访,也需先征得其同意方可,而且不管来头多大,他不想见的坚决不见,毫无商量的余地。1962年春,当时炙手可热的康生南下来到中山大学,向校领导提出要见陈寅恪,陈寅恪以生病为由,称不便接待。无论学校办公室的人如何动员,陈寅恪就是不见,甚至还赋诗"闭户高眠辞贺客,任他嗤笑任他嗔"自况。吃了闭门羹的康生心中自然不快,后来在人民文学出版社准备出版陈寅恪所著《论再生缘》时,康生简单的几句话就使该书在陈寅恪有生之年没能出版。

□ 蒋天枢"陈门立雪"

陈寅恪与原复旦大学中文系教授蒋天枢有师生之

谊。"反右"风起后，许多知识分子成了"右派"，陈寅恪受陶铸等广东省委领导的关照，未戴上"右派"高帽，只划入"中右"之列，但这在当时也是唯恐避之不及的危险人物。蒋天枢却依旧在自己的《履历表》"主要社会关系"栏目中填上："陈寅恪，69岁，师生关系，无党派，生平最敬重师长，常通信问业。"1964年的一天，蒋天枢到广州看望当时已失明的陈寅恪。师母唐筼恰巧因事外出未归，没有人招呼他，躺在床上的陈寅恪就径直与蒋天枢谈论起来。当年已62岁的蒋天枢，毕恭毕敬站在老师床头，几个钟头没坐下。陈寅恪去世后，蒋天枢历时10余年，把主要精力放在了老师遗稿的校订编辑上。1981年，300多万字的《陈寅恪文集》终于付梓印行。当出版社将3000元编辑费送到蒋天枢手里时，蒋天枢一口拒绝："学生给老师整理遗稿，怎么可以拿钱呢！"

□ 冯友兰走神，手臂触城墙骨折

抗战时期，几位清华教授坐车从长沙前往昆明，途经镇南关，司机通知大家，不要把手放在车窗外，要过城门了。别人都很快照办，只有冯友兰的手臂仍然放在车外，最后因触城墙而骨折。后来，金岳霖对冯友兰女儿宗璞提起此事，幽默地说："你父亲听了司机的话，便考虑为什么不能把手放在车窗外，放在窗外和不放在窗外的区别是什么，其普遍意义和特殊意义是什么？还没考虑完，已经骨折了。"其实冯友兰那时是因为正在思考问题，根本就没有听见司机的话。

□ 钱伟长困苦之时对美国说 NO

1946年，已是著名力学专家的钱伟长，放弃了8万美金一年的优厚待遇，以探亲为由从美国回国，随即在清华大学机械系任教。为培养更多好学生，他一个礼拜讲17堂课，一般教授只上6堂即可。尽管如此，钱伟长那时月工资为15万金圆券，只够买两个暖瓶，日子几乎无法维持。迫于生计，他只好在北京大学工学院和燕京大学工学院兼课，奔波于三所大学之间，但仍不得温饱，最后他不得不向单身同事、老同学借贷度日。1948年，友人捎信给钱伟长，告知美国加州理工学院喷射推进研究所工作进展较快，亟愿他回该所复职，携全家去定居并给予优厚待遇。于是，他到美国领事馆申办签证，但在填写申请表时，发现最后一栏写有"若中美交战，你是否忠于美国？"钱伟长毅然填上了"NO"。国家纷乱之时，他选择了留在祖国。

□ 潘光旦的幽默

潘光旦任教清华大学时,沈弗斋曾任梅贻琦的秘书长。1937年,国立清华大学、国立北京大学、私立南开大学三校迁往湖南长沙成立长沙临时大学时,他们是邻居。有一回,沈弗斋半夜有电报到,邮差误将"斋"认作"齐"字,在门外大叫"屋里有沈弗齐吗?"第二天吃早饭时,潘对沈说:"昨夜邮差大不敬,将尊兄的下半截割掉了。"同桌吃饭的人大笑不已,冯友兰笑得喷饭。

□ 潘光旦邀牌友

20世纪40年代,清华教师单人宿舍,常有搓麻之声,通宵达旦,骚扰四邻,且引来窃贼。一日,院门贴一公开信,非常醒目。上书:"打麻将娱乐很好,只是打得很晚,影响四邻。如若各位有兴趣,不妨找一星期天,到舍下来打几圈,如何?"署名潘光旦。此公开信委婉的批评,坦诚相邀的态度,大收奇效。

□ 潘光旦死在费孝通的怀里

1966年"文化大革命"爆发后,中央民族学院的潘光旦、吴文藻、费孝通等被拉到学校的院子里,接受批斗。潘光旦被抄家,连卧室也被封,费孝通是他的邻居,也被抄家,不过幸运的是留了一间屋子给他。费孝通取出自己的床垫铺在水泥地上给潘光旦睡,师生二人相依为命。批斗之余,费孝通经常参加劳动改造,主要任务是打扫厕所、拔草。潘光旦并没有因为残疾(没有右腿)而受到宽待,同样接受劳动改造,以致坐地劳动受寒而膀胱发炎,得不到任何治疗,竟致卧病不起。1967年6月10日晚上,潘光旦的孩子没有一个守在身边,老保姆看他情况不好,急忙请隔壁的费孝通过来。潘光旦向费孝通索要止痛片,费没有,又要安眠药,也没有。费孝通将老师拥入怀中,哀叹:"日夕旁伺,无力拯救,凄风惨雨,徒呼奈何?"潘光旦逐渐停止了呼吸,声誉卓著的硕学大儒就这样走完了自己的人生,时年68岁。

□ 数九寒冬,马寅初拦下学生做广播操

马寅初担任北大校长时,以和蔼可亲著称,与学

生们打成一片。一年冬天，同学们经过马寅初的办公室去文史楼上课时，马寅初早已迎了出来，张开双臂，招呼学生一起做广播操。当时，同学们惊奇地发现已经年逾古稀的马校长，居然一件毛衣套上件旧西装，却满面红光，毫无寒意。相比之下，学生们大多缩头拱肩，蜷手曲臂，做起操来也是敷衍了事，还常常趁专心做操的马寅初不备偷偷溜走。不甘做光杆司令的马校长，一旦拦住学生还要求他们褪去棉帽、手套，为他们做示范。

□ 林徽因与梁思成的最后一面

1955年3月31日深夜，因病重住在北京同仁医院的林徽因，倍感心中有许多话想对梁思成诉说，于是向护士请求见丈夫一面。此时梁思成与其同住一家医院，病房仅一墙之隔。护士怕深夜交谈影响两人休息，便拒绝了林徽因的要求，让她把话留到第二天再说。然而天未亮，年仅51岁的林徽因便悄然离开了人世。她的离世结束了中国建筑史上的一段传奇佳缘，也带走了因一墙之隔而没有诉出的心里话。

□ 爱美林巧稚

林巧稚爱穿旗袍,发髻挽在脑后,一丝不乱。"文化大革命"开始后,她不得不脱下旗袍,穿宽大的列宁装,或朴素的中式上衣,但她还喜欢在领口点缀一枚别致的领花。最让她烦恼的是,红卫兵说她的发髻是封建发式,必须剪掉。她对侄女林乃欣说过:"北京风沙这么大,短发被风一吹又脏又乱,我真舍不得剪。"侄女安慰她头发可以再留,林巧稚遗憾地说:"年纪大了,留长不容易。"

喝咖啡是林巧稚最大的爱好,起床后、重大手术之前,她都要喝上一杯热咖啡提神,周恩来曾多次从国外带回咖啡豆送给她。1965年,林巧稚参加医疗队下乡,为此她专门做了农妇穿的蓝布夹袄带上。打包行李时,她把咖啡装进去又拿出来,犹豫再三。带咖啡和白糖下乡,这在当时是件大事,算是典型的"资产阶级作风"。林巧稚专门向医院领导请示汇报,院领导考虑她多年来已养成习惯,批准她"破例"。

□ 吴宓痛悔"文化大革命"期间写日记

吴宓一生日记不断，足有几百万字。"文化大革命"爆发后，他担心自己写的这些日记不安全，就转移到一位门生那里，却随即找来一张纸，习惯性地记下了当天的日记，包括何人何时如何转移日记、藏于何地。不久，吴宓果被抄家，造反派在家中搜出吴宓转移日记时写了字的纸张，然后按图索骥，一举将吴宓的全部日记抄回。吴宓在"牛棚"闻知此事，痛悔不已，连连顿足："这是我一生中干的最大的一件笨事！"

□ 俞平伯承认"反动"不承认"权威"

俞平伯13岁读《红楼梦》，15岁考入北大，师从国学大师黄侃。他一生成也红楼败也红楼。受批判时，他被指责为"用《红楼梦》研究对抗毛主席"，要他低头认罪，承认自己是"反动权威"。俞承认了"反动"，却不承认"权威"："我不是权威，我不够。"

诗人、作家、红学家俞平伯晚年像

□ "文化大革命"时李泽厚把手稿
藏进下水道

　　李泽厚1954年从北大哲学系毕业后分配到了中国社科院哲学研究所。在政治气氛浓厚的社科院，他是个异类，经常不按领导的批示办事，被开了好几次批斗会。"文化大革命"之前他写了《批判哲学的批判》，"文化大革命"开始之后，他把手稿中有关政治的章节都撕掉，把理论性的东西保留下来。他没被抄过家，不过他对抄家也有所准备：厨房有一个下水道，他把手稿放在盆子里面，自己钻进下水道爬了很远，把盆子放在了下水道里。李泽厚认为自己和贺麟是学部里的"漏网右派"，他到北大看大字报，自己的名字上已被打上了叉，意思就是"黑帮"。李泽厚说："假设'文化大革命'时我不在哲学所，而是在任意一所学校里，那肯定首先就被揪出来了。所以算是很幸运，学部里大人物太多，张闻天、何其芳、侯外庐他们一大堆人。我工资很低，要批斗也轮不上我这个小不点。"

□ 叶企孙钱三强"道路以目"

1968年2月9日，专案组逼迫叶企孙揭发钱三强，叶在材料中写道："我对钱三强总的印象是：他对工作是努力的，他的思想是比较进步的。"1972年，钱三强有一次买东西时遇到叶企孙，连忙走过去和老师说话，叶轻轻地对钱三强说："以后你再碰上我，不要跟我说话了，省得连累你。"说完马上离开了。

□ 陈景润跳楼"讲究角度"

陈景润在"文化大革命"中遭到了批斗,造反派宣称:"让哥德巴赫猜想见鬼去吧……住着工人盖的房子,有着解放军保护,领着国家的工资,研究什么 1 + 2 = 3,什么玩意儿?就是伪科学!陈景润气愤不过,跳上桌子奔着敞开的窗户就跳了下去。虽然是 3 层,但是因为有屋檐和楼下一棵白杨树的缓冲,陈景润只是大腿擦伤了点皮。一个造反派干将见他平安无事,竟挖苦他说:"真不愧是个知名数学家,连跳楼都懂得选角度。"

陈景润与他的两位老师——华罗庚(中)、沈元(右)在一起

□ 谢静宜刁难杨振宁

1972年，杨振宁回国探亲，在"文化大革命"批判知识分子为"臭老九"的氛围中，杨振宁也受到了影响。有一次，周恩来宴请杨振宁夫妇，在宴会当中，北京市委常委谢静宜在敬酒时故意问了杨振宁一个难题，杨振宁并不清楚这个问题，就用他惯常的口头禅回答说："我不懂。"结果谢静宜马上回敬了一句："你也有不懂的事情？"这一来可惹恼了杨振宁的夫人杜致礼（杜聿明的女儿），她马上拿了一杯酒过去，也问了一个问题，谢静宜答不出来，于是杨夫人就说："你也有不懂的地方？"

□ 贾植芳的坦荡与"糊涂"

著名比较文学家贾植芳常喜欢说一句江湖话：出门靠朋友。他十几岁离开家，在社会上闯荡大半辈子，靠的全是朋友的帮助，因此他对朋友极为看重。上世纪80年代的一天，贾植芳去苏州大学开会，会上有位来自广西的大学教师，回广西途中需在上海中转，想在上海住几天，有人就介绍他可以住在贾先生家，并且给先生作了说明。可那次贾夫人没有同去,贾先生耳背,没听清是怎么回事,以为那位教师是苏州大学安排送自己回上海的工作人员。就这样,那位教师心安理得地在贾植芳家住了3天,贾先生也好烟好酒地招待。3天后客人回了广西,他才疑惑地问弟子陈思和:那位客人是什么人?为什么在家里住那么久?

□ 梁漱溟回绝冯友兰九十大寿宴请

1985年11月,时逢冯友兰的九十岁大寿,梁漱溟也接到了请柬,但他拒绝出席。在一封没有上款的回信中,梁漱溟毫不客气地说,他的拒绝"实以足下曾谄媚江青"。原来,1973年谢静宜代表江青访问冯友兰,此后有人建议他回信感谢,信是写给江青的,但表示感谢的对象是毛主席、党中央。再后来,在江青"导演"的"批孔"闹剧中,冯友兰作有称赞武则天的诗句——"则天敢于作皇帝,亘古中华一女雄。"这样便被人们非议为"谄媚"江青了。

□ 吴阶平排队吃泡馍

1992年底,北京同盛祥牛羊肉泡馍馆开张,生意火爆,每天中午门外都排老长的队。一天中午,饭馆服务员发现全国人大副委员长吴阶平也排在队伍里,服务员请他直接进去。75岁的吴阶平却再三推辞,不愿搞特权,排了半个多小时的队才轮到。服务员忙把他和一位随行人员让到一个小单间里。吴阶平笑言:"吃泡馍得洗手哇,一会好掰馍。"用湿巾擦手后,他点了两碗泡馍,一碗牛肉的,一碗羊肉的,还要了一大碗西安烩菜。他尝了一口汤说:"咸了点,长期吃容易患高血压、动脉硬化。不过呢,陕北高原冬天寒冷,劳动人民干体力活出汗多,问题不大。"说罢吴阶平又要了一碗白开水,说先晾着,吃完泡馍后喝。

□ 钱理群被误认为色情酒店老板

有一次,钱理群看到北大围墙上贴着某酒店以5万元月薪聘请男"攻关"的"启示",不禁手痒起来,上前把"攻关"改为"公关","启示"改为"启事"。碰巧赶上巡警经过,一看钱理群,肥头大耳,秃顶,很像传播虚假色情广告的酒店老板,便要将他扭送到派出所。同行的孔庆东赶忙解释:"他是北大赫赫有名专改错别字的教授,是个大侠!当他激动得脑门上直放红光时,你会想到赴汤蹈火的豪杰猛士;当他眼中逼出两道灼光时,你会想到鲁迅《铸剑》中的那个黑衣剑客。像他这种看似佛门弟子、弥勒同仁的教授,怎么可能是色情酒店的老板?"

□ 钱学森的领导绝技

钱学森回国后,长年在国防科技战线从事领导工作。作为一名科学家,他很严谨,但作为领导,他又很讲领导艺术,用念诗的方式批评人,可说是他的独门绝技。有一次,钱学森与在身边工作的计算机专家汪成为谈起软件问题,聊着聊着,他突然对汪成为说:"你说得很好,要不你先动笔把自己的想法写一写。"于是汪成为就软件工程和发展写了一篇文章交给钱学森。第二天,当他到钱学森办公室问看没看时,钱学森微微一笑道:"我给你念首诗吧。"就在他纳闷的时候,钱学森念了起来:"爱好由来下笔难,一诗千改始心安,阿婆还似初笄女,头未梳成不许看。"念完钱老问他:"你知道这是谁写的?"汪成为想了想说:"是清代袁枚的吧!"说罢他赶紧补充:"钱老,你把那篇文章还给我,我修改后再交给您。"过了几天,汪成为将修改后的文章交给钱学森,他仔细看了一遍,说:"这回你是认真的。"

□ 殷海光害怕打电话

殷海光是我国著名的逻辑学家、哲学家，他的学识就连桀骜不驯的大作家李敖也由衷赞叹，一度打算追随他学习哲学。但就是殷海光这样的人物现实中却对电话有些抵触，甚至感到畏惧。他一生中只打过4次电话。一次妻子把他带到电话旁，教他如何打，替他把电话号码拨好了，等对方说话了，才递给他，殷海光拿起听筒满头大汗，打完电话，几欲昏倒。

□ 王亚南睡三脚床

我国著名经济学家、《资本论》最早的中文翻译王亚南，小时候胸有大志，酷爱读书。他在读中学时，为了争取更多的时间读书，特意把自己睡的木板床的一条腿锯短半尺，成为三脚床。每天读到深夜，疲劳时上床去睡一觉后迷糊中一翻身，床向短腿方向倾斜过去，他一下子惊醒过来，便立刻下床，伏案夜读。天天如此，从未间断。结果他年年都取得优异的成绩，被誉为班内的三杰之一。他由于少年时勤奋刻苦读书，后来他终于成为我国杰出的经济学家。

□ 谷超豪做数学题

当代著名数学家谷超豪在读中学时，老师讲完乘方的知识后，出了道习题：用4个"1"组成一个最小数，但不能用运算符号。老师话音刚落，谷超豪举手回答："是1的111次方。"老师又问："那3个9组成的最大数呢？"谷超豪立马答道："是9的9次方的9次方。"

□ 沈昌文借钱记

1986年，三联书店从人民出版社独立出来，沈昌文任总经理，分家之后的结果是，三联分到了30万元现金和一二百本书的版权，连办公场所都没有。后来，三联书店租用了人民出版社宿舍的地下室才暂时解决了办公场所问题。30万资金是不够用的，经人介绍，沈昌文去找一些有钱的人寻求投资。他第一个找的是中信集团的总经理王军。他拿着介绍信到了中信，第一次见识了大公司的排场。坐了好一会儿，王军来见他，沈昌文讲了一讲情况，王军表示同情。可是，在临走时王军对沈昌文说了一句话让沈大为惊讶，王军说，我们中信一千万以下的项目是不做的。在1986年，沈昌文听到一千万这数目简直吓晕了,以后再也不敢去找王军。就这样,三联书店初期就始终在30万里兜圈子,用它来维持一个出版社的运作和出书。

□ 牛顿炒股赔钱

1711年,为攫取蕴藏在南美东部海岸的巨大财富,在英国政府主导下,英国南海公司成立并发行股票。到1720年1月,南海公司股票价格每股约128英镑左右,不久,受投机等因素影响,股价一路飙升。当年4月,牛顿投入约了7000英镑购买南海公司股票。两个月后,他竟然赚了7000英镑。但刚刚卖掉股票,牛顿就后悔了,因为到了7月,南海公司股票每股涨到1000英镑。在"涨"势喜人的情形下,牛顿决定再次购买股票。不久,南海公司经营陷入困境,股价一落千丈,到12月最终跌为每股约124英镑。这次牛顿没有及时脱身,亏了2万英镑。牛顿曾做过英格兰皇家造币厂厂长,年薪也不过2000英镑。事后,牛顿感到自己枉为科学界名流,竟然测不准股市的走向,不由叹言:我能计算出天体运行的轨迹,却难以预料到人们的疯狂。

□ 洛克菲勒教子之道

洛克菲勒感言："赚钱的能力是上帝赐给我们的一份礼物"，他的言传身教，可谓其家族长盛不衰的传家宝。虽富可敌国，洛克菲勒在个人及家庭物质生活上却

1901 年的《puck》杂志上，洛克菲勒被描述为资本皇帝

非常抠门。他不吸烟、不喝酒，上班时随手关上煤气，拧紧水龙头。结婚只花费了 20 美元，其所购戒指也仅花 15.75 美元。孩子们从小得自己挣零花钱——打苍蝇 2 美分，练琴每小时 5 美分，除杂草 10 根 1 美分。长大成人之前，他们从没去过父亲的办公室和炼油厂，也不知道父亲是有钱人。为了让孩子们学会相互谦让，他只买一辆自行车给 4 个孩子。小洛克菲勒长大后不好意思地承认说，自己在 8 岁以前穿的全是裙子，因为他在家里排行最小，前面 3 个都是姐姐。某种意义上，洛克菲勒的一生就是一场高尔夫，他告诫儿子说："没有一杆完成的高尔夫比赛，你需要一杆一杆地打下去，你每打出一杆的目的，就是离球洞越近越好，直到把球打进。"

□ 卓别林拍苍蝇

卓别林能编、能导、能演，是不可多得的全能电影人。有一次，他召开影片摄制会议，一只苍蝇在他四周绕着圈飞。起初他用手打几下，没有打到，就要了一个苍蝇拍。会议进行中，他就握着苍蝇拍，摆出打苍蝇的姿态，眼睛狠狠地望着那苍蝇。可是打了三次，都没有打到。后来苍蝇停在了他面前的桌上，他慢慢地拿起苍蝇拍，正要发出致命一击时，他忽然放下了手中的"武器",让苍蝇飞走。旁边在座的人看了,就说:"你为什么不把它打死?"他耸了耸肩,说:"这只不是方才那只!"

□ 爱因斯坦的"大衣相对论"

爱因斯坦成名之前,生活拮据,衣着随便。有一位朋友曾劝他说,应该添置一件大衣,否则难以进入社交界。他笑着答道:"我本来就默默无闻,就是穿得再漂亮也没有人会认识。"几年后,成了大科学家的爱因斯坦和从前一样,依然衣着简朴。那个朋友再次提醒他,快去做件像样的大衣,以便与自己的身份相符。他还是笑着回答说:"现在即使穿得更随便些,同样也会有人认识我。"